SUSANNE REINHARDT/DIETER VOSS

DER FAMILIEN-MANAGER

Den Haushalt
effektiv organisieren und planen

Eichborn

Susanne Reinhardt und **Dieter Voss** haben zwei Kinder im Alter von 9 und 13 Jahren und führen gemeinsam und erfolgreich den Familienhaushalt.

1 2 3 10 09 08

(Unveränderter Nachdruck der Ausgabe von 2003)
Umschlaggestaltung: Christina Hucke
unter Verwendung einer Illustration von Falko Honnen
Lektorat: Oliver Thomas Domzalski
Illustrationen: Falko Honnen
Satz und Layout: Norbert Golluch
Druck und Bindung: Fuldaer Verlagsanstalt, Fulda
ISBN 978-3-8218-5698-8

Eichborn Verlag, Kaiserstraße 66, D-60329 Frankfurt am Main
Mehr Informationen zu Büchern und Hörbüchern aus dem Eichborn Verlag finden Sie unter www.eichborn.de

INHALT

Alles in bester Ordnung?

Die militärisch straff organisierte, autoritäre Patriarchen-Familie ist seit langem tot – wenn es sie je in einer reinen Form gegeben hat. Individuelle Ziele haben Wertvorstellungen ersetzt, die das Funktionieren in der Gemeinschaft hoch bewerten. Besonders die beiden jüngeren Generationen, die heutigen Kinder und Eltern, leben eher hedonistisch als diszipliniert und auf Ordnung und Sauberkeit fixiert.
Man zieht es vor, nach der Devise zu leben: Zuerst der Spaß, dann das Vergnügen ...
Organisation und Ordnung sind daher die Hauptkrisenpunkte in der Familie. Das liegt u. a. daran, dass die Eltern selbst nicht mehr leuchtendes Vorbild in puncto Ordnung sein können oder wollen. Das Pendel schlägt nicht selten in die gegenteilige Richtung aus: Zwanghaftes Ordnungsdenken wird an vielen Stellen des alltäglichen Lebens durch Zustände wie bei »Hempels unterm Sofa« ersetzt – und das stört Erwachsene in ihrem eigenen Umfeld erstaunlicherweise wenig. Erst wenn aus Paaren Eltern werden, fällt den Erwachsenen plötzlich auf, dass in ihrem ganz persönlichen familiären Bereich in puncto Ordnung und Organisation etwas nicht stimmt. Dieselben Menschen, die in ihrem Schlafzimmer zwischen Bergen ungeordneter Kleidung lebten oder an superchaotischen Schreibtischen einer intellektuellen Tätigkeit nachgingen, ohne sich im Geringsten darüber Gedanken zu machen, bekommen von ihren Kindern zu ihrem Schrecken plötzlich ihre eigenen Fehler in Sachen Selbstorganisation vorgelebt. Vielfach begreifen Eltern nicht einmal, dass ihnen im Verhalten ihrer Kinder nur das Spiegelbild der eigenen Schwächen entgegentritt. Das führt häufig zu massiver Ratlosigkeit – wer will anderen Organisation beibringen, da er doch selbst mit unübersehbaren Ordnungsdefiziten lebt? Auch deshalb kommt es in den alltäglichen Abläufen der Familie immer wieder zu Situationen, in denen die Interessen der Familienmitglieder in puncto Ordnung miteinander kollidieren. Besonders in diesen Zeiten, da das Thema „Erziehung" wieder an Stellenwert gewinnt. Aus den genannten Gründen ist es schwierig, die einmal eingefahrenen Abläufe selbst zu ändern. Aber oft genügt eine Organisationshilfe, ein kleiner logistischer Anstoß, um die Dinge dann doch in Bewegung zu bringen.

In dieser Weise ist das Angebot des Familien-Managers zu verstehen: Anstöße in die richtige Richtung geben, Aufgaben strukturieren und dadurch lösbar machen – auch für Kinder. Bei Kindern hat die störrische Haltung gegenüber Ordnungsmaßnahmen ihre Ursache häufig in der mangelnden Übersichtlichkeit und Struktur einer Handlungsanweisung. Der simple Satz »Räum mal dein Zimmer auf!« verursacht Bauchweh in doppelter Hinsicht. Nicht nur muss das Kind in seiner Vorstellung über einen längeren Zeitraum bei einer ihm unangenehmen Tätigkeit verweilen – es weiß auch nicht genau, wie es die komplexe Aufgabe angehen soll. Dass dies so ist, werden Sie bemerken, wenn das Kind zum ersten Mal die Seite »Zimmer aufräumen« verinnerlicht hat. Das Zimmer würde dann zwar möglicherweise immer noch keinen Morgenappell bei der Bundeswehr überstehen, aber fast alle der genannten Aufgaben werden ordentlich und zu Ihrer Zufriedenheit erledigt sein. Mehr noch: Beim nächsten Mal wird die ganze, bisher unliebsame Aktion leichter von der Hand gehen und in viel kürzerer Zeit vonstatten gehen. Und irgendwann wird das Kind die Checkliste nicht mehr brauchen: »Ich kann es jetzt auch ohne!«, wird das Kind stolz verkünden.

Nicht alle angebotenen Organisationshilfen haben eine solche pädagogische Motivation. Manche, wie etwa die verschiedenen Urlaubs-Checklisten, wirken einfach der menschlichen Vergesslichkeit entgegen. Weil man nicht das ganze Jahr an Urlaub denkt, hat man, wenn's gilt, auch nicht alle damit verbundenen Notwendigkeiten im Kopf.

Es würde uns freuen, wenn es dieser Sammlung gelingt, Anstöße in die richtige Richtung zu geben.

Kinder im Alltag motivieren

Wir beginnen dort, wo Familie beginnt: bei den Kindern. Die Erledigung alltäglicher Abläufe und Notwendigkeiten wie Putzen, Aufräumen, Entsorgen etc. setzt ein gewisses Maß an Planung voraus, das Erwachsene im Regelfall im Kopf haben – Kinder aber keineswegs. Schon wegen ihrer beruflichen Einbindung ist eine straffe, geregelte und zeitlich ökonomische Abwicklung alltäglicher Abläufe für Vater und Mutter völlig normal.

Anders bei Kindern: Spaß und Notwendigkeit stehen bestenfalls gleichwertig nebeneinander, meist aber dominiert deutlich der Spaß. Beim Frühstück das Weiche aus dem Brötchen herausholen und daraus kleine Männchen zu kneten hat für Kinder einen höheren Stellenwert als die Tätigkeiten, die notwendig sind, um den Frühstückstisch nicht wie ein Schlachtfeld zurückzulassen, wenn es zur Schule oder in den Kindergarten geht. Eine andere Zeitplanung als die spontane gibt es für Kinder im Regelfall nicht (es sei denn beim Fernsehprogramm …). Hinzu kommt, dass sie Abläufe und Vorgänge meist nicht aktiv gestalten, sondern eher einfach »geschehen« lassen.

Zukünftige Tätigkeiten im Kopf vorzustrukturieren fällt Kindern schon deshalb schwer, weil ihnen die einzelnen Schritte einer Aufgabe nicht als solche bewusst sind. Die auf den folgenden Seiten angebotenen »Arbeitsblätter« mit der Schritt-für-Schritt-Methode beheben diesen Mangel: Sie sind motivierender Anstoß und Ablaufliste zugleich. Sie werden staunen, mit welchem Engagement Ihre Kinder plötzlich Tätigkeiten ausführen, zu denen sie mit einfachen Worten (und mochten diese noch so nett formuliert sein) nicht oder nur widerwillig zu bewegen waren. Es macht Kindern offensichtlich Spaß, die Aufgaben einer Liste nacheinander abzuarbeiten – ganz egal, ob es dabei um eine spannende Schatzsuche oder um das Aufräumen der Küche nach einem familiären Festmahl geht.

Motivation zu einer Tätigkeit ist die eine Sache – die Qualität, in der sie ausgeführt wird, eine andere. Wie gut eine der Anweisungen auf den Arbeitsblättern befolgt wird, hängt unter anderem vom Alter und den momentanen Interessen Ihres Kindes ab. Machen Sie aber nicht den Fehler, kleinlich herumzumäkeln, wenn eine Arbeit nicht ganz zu Ihrer Zufriedenheit ausfällt. Und: Wundern Sie sich nicht, wie schnell der Lerneffekt eintritt: Wenn Kinder eine der Aufgabenlisten ein- oder zweimal durcharbeiten, ist die Sache für sie »abgehakt«. Sie werden die betreffende Liste vielleicht noch als Anstoß, nicht aber unbedingt mehr als Ablaufplan nutzen.

Alarm! Zimmer aufräumen!

	fällig √	fertig √
Boden freiräumen	⇩	⇩
Müll in den Abfalleimer		
Papierschnipsel in den Papierkorb		
Spielzeug in die Spielzeugkisten		
saubere Kleidung in den Schrank		
schmutzige Kleidung in die Wäsche		
den Boden fegen		
staubsaugen		
Kassetten/CDs einordnen		
Bücher neu ordnen		
Das Bett machen	⇩	⇩
Laken geradeziehen		
Kopfkissen aufschütteln		
Bettdecke aufschütteln, geradelegen		
Kuscheltiere an ihren Platz		
Schreibtisch aufräumen	⇩	⇩
gemalte Bilder in Schiebefach		
Stifte in Stiftebox/Mäppchen		
Schulsachen in Schultasche		
Tischplatte wischen		

Aktion »Rettet das Wohnzimmer!«

	fällig √	fertig √
Müll in den Abfall		
Spielsachen in die Boxen		
Gläser in die Küche		
Teller und Besteck in die Küche		
Tischdecke in die Wäsche		
Wasserflaschen in den Kasten		
Kissen zurück auf Sofa		
Kissen zurück auf Sessel		
Decke zusammenfalten		
Tisch abwischen		
Möbel zurechtrücken		
Staubsaugen		
Bilder geraderücken		
Fertig?		
Etwas Erfrischendes trinken!		

Tisch gedeckt in fünf Minuten

	fällig √	fertig √
Tisch freiräumen		
Zeitungen in den Ständer		
Spielzeug in die Kiste		
Tischdecke/-Sets auflegen		
große Teller		
kleine Teller		
Gläser		
Tassen		
Messer + Gabel		
Salatteller		
kleine Löffel		
Pfeffer + Salz		
Ketchup		
Mineralwasser		
Blumenvase		
Kerzenleuchter		
Kerzen anzünden		
Guten Appetit!		

Küchen-Chaos-Service

	fällig √	fertig √
Spüle reinigen		
Herd säubern		
Tisch abwischen		
Fußboden fegen		
Müll raustragen		
Spülmaschine einräumen		
Spülmaschine ausräumen		
Töpfe spülen		
Pfanne reinigen		
Arbeitsplatte abwischen		
Trockentücher aufhängen		

Scheuermilch!
Spezialreiniger!

Putzangriff im Badezimmer

	fällig √	fertig √
Schmutzwäsche in den Beutel/Korb		
Handtücher aufhängen		
Spiegel polieren		
Ablage Waschbecken abräumen		
Ablage Waschbecken wischen		
Waschbecken säubern		
Gegenstände wieder aufstellen		
Toilette mit Bürste reinigen		
Brille und Deckel abwischen		
Badespielzeug in Körbchen		
Badewanne feucht auswischen		
Dusche feucht auswischen		
offene Flächen abwischen		
Bodematten ausschütteln		
Boden feucht wischen		
Bademattten wieder hinlegen		

Aktion »Schöner Garten«

	fällig √	fertig √
Gartenarbeiten	⇩	⇩
Laub harken		
Unkraut jäten – Beete harken		
Rasen mähen		
Rasenschnitt in den Kompost		
Rasenrand schneiden		
Aufräumen allgemein	⇩	⇩
Abfall in die Mülltonne		
Stiefel in Gartenhaus/Garage		
Liegestühle in Gartenhaus/Garage		
Terrasse kehren		
Blumen gießen		
Gartengeräte in Gartenhaus/Garage		
Sandkasten aufräumen		
Sandspielzeug in Kasten		
Sonnenschirme zuklappen		
Spielzeuge an ihren Platz	⇩	⇩
Rollschuhe		
Stelzen		
Roller		
Fahrräder		
Bälle		

Klarschiff im Kleintierkäfig

- Deckel abheben und an eine Stelle legen, wo man nicht drüber fällt
- Häuschen, Futtergefäße, Spielgeräte herausnehmen
- Tiere vorsichtig in Ersatzkäfig umlagern

- Streu und altes Futter in Biotonne schütten
- die leere Käfigwanne in der Badewanne/Dusche heiß absprühen und mit Seife und alter Handbürste säubern
- alle Häuser, Gefäße, Spielzeug ebenfalls säubern

- alles abtrocknen
- frische Streu einfüllen
- Häuser und Spielmaterial neu einordnen
- Wassergefäße mit frischem Wasser füllen
- frisches Trockenfutter einfüllen

- Tiere wieder in den Käfig heben
- Deckel schließen nicht vergessen
- Tiere jetzt unbedingt beobachten, sie erkunden mit großem Vergnügen ihre neue Umgebung

- Zimmer aufräumen, Boden kehren!
- **Hände waschen!**

Turbo-Frühjahrsputz

Startzeit : .... , ... , ... Uhr
fertig : .... , ... , ... Uhr

Küche
aufräumen ❑ ❍
Spülmaschine ein-/ ausräumen ❑ ❍
Fenster putzen ❑ ❍
kehren ❑ ❍
nass wischen ❑ ❍
Ordnung im Kühlschrank ❑ ❍

Wohnzimmer
Staubsaugen ❑ ❍
Staub wischen ❑ ❍
aufräumen ❑ ❍
Fenster putzen ❑ ❍

Zimmer 1 ....
Staubsaugen ❑ ❍
Staub wischen ❑ ❍
aufräumen und Bett machen ❑ ❍
Fenster putzen ❑ ❍
kehren ❑ ❍
nass wischen ❑ ❍
getragene Kleidung in die Wäsche ❑ ❍

Zimmer 2 ....
Staubsaugen ❑ ❍
Staub wischen ❑ ❍
aufräumen und Bett machen ❑ ❍
Fenster putzen ❑ ❍
kehren ❑ ❍
nass wischen ❑ ❍
getragene Kleidung in die Wäsche ❑ ❍

Zimmer 3 ....
Staubsaugen ❑ ❍
Staub wischen ❑ ❍
aufräumen und Bett machen ❑ ❍
Fenster putzen ❑ ❍
kehren ❑ ❍
nass wischen ❑ ❍
getragene Kleidung in die Wäsche ❑ ❍

Zimmer 4 ....
Staubsaugen ❑ ❍
Staub wischen ❑ ❍
aufräumen und Bett machen ❑ ❍
Fenster putzen ❑ ❍
kehren ❑ ❍
nass wischen ❑ ❍
getragene Kleidung in die Wäsche ❑ ❍

Schlafzimmer Eltern
Staubsaugen ❑ ❍
Staub wischen ❑ ❍
aufräumen und Bett machen ❑ ❍
Fenster putzen ❑ ❍
kehren ❑ ❍
nass wischen ❑ ❍
getragene Kleidung in die Wäsche ❑ ❍

Hausflur
Staub wischen ❑ ❍
aufräumen ❑ ❍
kehren ❑ ❍
nass wischen ❑ ❍
Garderobe ordnen ❑ ❍

Bad
Staub wischen ❑ ❍
aufräumen ❑ ❍
Fenster putzen ❑ ❍
kehren ❑ ❍
nass wischen ❑ ❍
Waschmaschine einräumen ❑ ❍
Toilette putzen ❑ ❍

Gästeklo
Staub wischen ❑ ❍
aufräumen ❑ ❍
Fenster putzen ❑ ❍
kehren ❑ ❍
nass wischen ❑ ❍
Toilette putzen ❑ ❍

Sauberkeit im Teamwork

In vielen Familien ist die gemeinsame Hausputz- und Aufräumaktion am Samstagmorgen eine regelmäßige Übung. Kleiner Tipp: Wenn die gemeinsamen Arbeiten in vollem Umfang erledigt sind, gibt es eine Belohnung für die ganze Familie: ein großes Pizza-Essen, einen Kinobesuch oder einen gemeinsamen Ausflug.

❐ wird angehakt, wenn die Arbeit fällig ist;

❍ ein Haken hier heißt, dass dies geschehen ist.

Die Aufteilung des Blattes nach Zimmern ermöglicht eine Aufgabenteilung, solange es keine Einschränkung durch das benötigte Gerät (Staubsauger) gibt. Sie werden sehen und staunen, wie schnell die nötigen Arbeiten erledigt sind. Manche Familie erledigt diesen Job übrigens mit einer Stoppuhr: Es gilt immer wieder aufs Neue, den Familienrekord (natürlich unter Beibehaltung der Qualitätsstandards) zu brechen.

Zu Ihrer eigenen Motivation: Putzen verbraucht gut 250 Kalorien/Stunde!

WANTED!

Gesucht wird

....

gegen eine Belohnung von

....

wegen

❍ krimineller Unordnung im Zimmer
❍ Versäumnissen beim häuslichen Recycling
❍ Verstoßes gegen die Küchenordnung
❍ Vernachlässigung der Eltern und Geschwister
❍ anderer Verstöße oder Versäumnisse, zum Beispiel:

....

WER MACHT WAS IM HAUSHALT?

Aufgabe	Montag	Dienstag	Mittwoch	Donnerstag	Freitag	Samstag	Sonntag

WER MACHT WAS IM HAUSHALT?

Aufgabe	Montag	Dienstag	Mittwoch	Donnerstag	Freitag	Samstag	Sonntag
Brötchen/Zeitung							
Tischdienst Frühstück							
Tischdienst Mittag							
Tischdienst Abend							
Spülmaschine							
Müll/Recycling							
Staubsaugen							
Staubwischen							
Wäsche							
Einkauf							
Aufräumen							
Schuhe putzen							
Rasen mähen							
Kehren							

CHECKLISTE SCHULTASCHE

Tasche komplett ausräumen
❑ Bücher auf einen Stapel
❑ Hefter auf einen Stapel
❑ Hefte auf einen Stapel
❑ lose Blätter auf einen Stapel
❑ Sonstiges auf einen Stapel
❑ Müll und Überflüssiges entsorgen
❑ Tasche mit feuchtem Lappen auswischen

Schreibmappe aufräumen
❑ Füller
❑ Reservepatronen
❑ Kugelschreiber
❑ Reservemine
❑ Bleistifte
❑ Farbstifte
❑ Stifte spitzen
❑ Anspitzer
❑ Lineal
❑ Schere
❑ Kleber
❑ Radiergummi
❑ Taschenrechner
❑ ....
❑ ....

Tasche wieder einräumen
❑ Bücher
❑ Hefte
❑ Schreibmappe

❑ lose Blätter einsortieren und einheften
❑ Hefter in die Tasche

❑ Tasche von außen abwischen

Fertig!

CHECKLISTE KLASSENFAHRT

- ❑ 1 Paar Hausschuhe
- ❑ 1 Paar Straßenschuhe
- ❑ 1 Paar Turnschuhe
- ❑ 1 Paar Wanderschuhe

- ❑ DIN-A4-Heft kariert
- ❑ Mappe mit Stiften
- ❑ Briefumschläge, Briefmarken
- ❑ Bücher

- ❑ Haarwaschmittel
- ❑ Hautcreme
- ❑ Kamm
- ❑ Papiertaschentücher
- ❑ Sonnenschutz
- ❑ Waschlappen und Seife
- ❑ Zahnbürste und Zahnpasta

- ❑ Kartenspiel
- ❑ Kassettenrekorder
- ❑ Musikinstrumente
- ❑ Liederheft
- ❑ Federball
- ❑ Tischtennis

- ❑ Rucksack
- ❑ Tasche
- ❑ Trinkflasche

- ❑ 1-2 Pullover
- ❑ 2 Handtücher
- ❑ pro Tag 1 x Unterwäsche
- ❑ pro Tag 1 x Strümpfe
- ❑ Regenkleidung
- ❑ Schwimmzeug
- ❑ Turnkleidung
- ❑ Bettwäsche (Bettbezug, Kopfkissenbezug und Bettuch)

- ❑ Taschengeld im Brustbeutel
- ❑ Telefonnummern Eltern
- ❑ Impfpass
- ❑ Krankenversicherungskarte
- ❑ Medikamente, die regelmäßig genommen werden sollen (Klassenlehrer informieren!)

Ziel der Klassenfahrt

Haus :
Zimmer :
Straße :
PLZ : **Ort:**
Tel. :
Fax :
E-Mail :

CHECKLISTE SCHULEINKÄUFE

○ Anspitzer
○ Bleistifte
○ Buntstifte
○ Farbkasten
○ Filzstifte
○ Freundschaftsbuch
○ Geo-Dreieck
○ Hausaufgabenheft
○ Kleber
○ Klebestift
○ Klebstoff in der Tube
○ Lineal
○ Mäppchen
○ Notenheft
○ Notizblock
○ Radiergummi
○ Sammelmappe
○ Sammelordner
○ Schnellhefter
○ Schreibheft, kariert
○ Schreibheft, liniert
○ Zeichenblock A3
○ Zeichenblock A4
○ Zirkel

Sonstiges, nämlich

....

....

....

....

....

....

Montag	Dienstag	Mittwoch	Donnerstag	Freitag	Samstag	Sonntag

STUNDENPLAN

CHECKLISTE KINDERGEBURTSTAG

Das Gelingen eines Kindergeburtstags ist zum Teil Glückssache – aber auch Folge einer guten Planung. Damit Ihre Kindergeburtstage nicht »in die Hose gehen«, sondern alle Geburtstagskinder und Gäste ihren Spaß haben, sollten Sie die folgende Checkliste kurz durchgehen. Es geht dabei auch um die Nerven der Eltern und um die Sicherheit der kleinen Besucher:

- ❑ Alternativen zur Feier im Garten (es könnte regnen)
- ❑ Die Telefonnummern aller Partygäste (Rufnummern der Eltern)
- ❑ Genügend Spiele vorbereitet? Alle Hilfsmittel vorhanden?
- ❑ Gibt es Ruhezonen und -zeiten?
- ❑ Gibt es Schutzkleidung für alle Kinder (z. B. für Malaktion; Müllsäcke mit Löchern darin genügen)

- ❑ Haustiere in Sicherheit? Teppiche entfernt? Teure Vasen im Schrank?
- ❑ Salbe gegen Insektenstiche? Pflaster? Wundsalbe?
- ❑ Gibt es Sonderwünsche beim Essen (Vegetarier, Allergiker, religiöse Gründe)?
- ❑ Sind genügend nervenstarke Erwachsene zum Helfen da?
- ❑ Stimmt die Zahl der Gäste? (Faustregel: pro Lebensjahr ein Gast)
- ❑ Wer wird wann von wem abgeholt? Liste greifbar halten!
- ❑ Zur Schonung Ihrer Nerven: Gibt es genügend Helfer für den Hausputz danach?
- ❑ Ersparen Sie dem Geburtstagskind Konflikte: Laden Sie die Verwandten und die Freunde Ihrer Kinder zu getrennten Terminen ein!

Sie hüten einen Sack Flöhe! Es kann sehr leicht sein, dass eines der Kinder einen Unfall erleidet oder in eine gesundheitliche Notlage gerät! Dann gilt:

Ruhe bewahren! Notarzt anrufen, u.U. Giftnotruf
Klären Sie, was das möglicherweise vergiftete Kind geschluckt hat.
Bringen sie das Kind nicht zum Erbrechen und flößen Sie ihm keine Hausmittel ein; einige Schlucke Wasser genügen und richten keinen Schaden an.
Mögliche Giftsubstanz mit ins Krankenhaus geben!
Die Eltern des Kindes anrufen!

Die Telefonnummern der Giftnotruf-Zentralen:

Baden-Württemberg 19222 (ohne Vorwahl)
Bayern 19222 (ohne Vorwahl)
Berlin 030/19240
Bonn 0228/287 32 11 oder nur 228/287 33 33
Erfurt 0361/730 730
Freiburg 0761/192 40
Göttingen 0551/192 40 oder 0551/38 31 80

Homburg/Saar 06841/192 40
Leipzig 0341/972 46 46
Mainz 06131/192 40 oder nur 6131/23 24 66
München 089/192 40
Nürnberg 0911/398 24 51
Rheinland-Pfalz 19222 (ohne Vorwahl)
Saarbrücken 0641/192 40

CHECKLISTE FÜR DEN BABYSITTER

Die Eltern sind erreichbar unter

Telefon	: ....
Adresse	: ....
Die Eltern kommen zurück um	: ....Uhr
Falls die Eltern nicht erreichbar sind	:
Notrufnummer	: **110 oder 112**
Dieser Arzt hat Wochenend-Notdienst:	: ...., Tel. ....

Für Rückfragen:

Die Adresse der eigenen Wohnung	: ....
Die Telefonnummer der Wohnung	: ....
Taxiruf	: ....
Erreichbarer Nachbar	: ...., Tel. ....
Erreichbare Verwandte	: ...., Tel. ....

Das Baby leidet an Allergien gegen

....

Das Kind sollte nicht essen:

....

Das Kind darf auf keinen Fall essen:

....

....

Das Baby leidet an folgenden Krankheiten oder medizinischen Besonderheiten:

....

....

❍ **Bettzeit: Das Kind sollte spätestens um .... Uhr im Bett liegen.**

Schlafkleidung: ....

Zum Schlafen braucht das Kind:

❍ Vorlesegeschichte ....

❍ Musikkassette/CD ....

❍ Hörspielkassette/CD ....

Das Kind hört zur Zeit am liebsten:

....

Auf keinen Fall zum Einschlafen geeignet:

....

Das Kind bekommt sein Essen um:

.... Uhr

Die Flasche befindet sich:

....

Die Zutaten zum Essen befinden sich:

....

Erlaubter Nachtisch:

....

❍ **Keine Selbstbedienung am Kühlschrank!**

Wo ist was zu finden?

Pflaster :

Windeln :

Kuscheltier :

Malsachen :

Gesellschaftsspiele :

Bausteine :

Kinderbücher :

❍ Das Kind darf ..... Minuten am Computer spielen.

❍ Das Kind darf bis .... Uhr am Computer spielen.

❍ Fernsehen bis .... Uhr

❍ folgende Sendung(en):

....

....

Wichtig – unbedingt beachten:

ALLES FÜR DAS KRANKENHAUS

Wenn jemand ins Krankenhaus muss, sollten Sie an folgende Dinge denken:

Für die Aufnahme

- ❍ Einweisungsschein des Hausarztes
- ❍ Krankenkassen-Scheckkarte

Für Ärzte und Pflegekräfte

- ❍ Allergie-Pass
- ❍ Einnahmeplan für Medikamente
- ❍ ggf. Herzschrittmacher-Ausweis
- ❍ Impfpass
- ❍ ggf. Marcumar-Pass
- ❍ Röntgen-Pass
- ❍ Vorbefunde des Hausarztes (Röntgenaufnahmen, Laborbefunde usw.)
- ❍ ggf. Patientenverfügung

Für die Körperpflege

- ❍ Hautcreme
- ❍ Handspiegel
- ❍ Handtücher, Waschlappen
- ❍ Nagelschere, Nagelfeile
- ❍ Rasierapparat, Pflegecreme
- ❍ Seife, Duschgel, Haarwaschmittel, Fön
- ❍ Shampoo, Kamm, Bürste
- ❍ Zahnbürste, Zahnpasta, Zahnbecher, Mundwasser, Zahnseide
- ❍ Zahnprothese, Behälter, Reinigungsmittel

Kleidung für Tag und Nacht

- ❍ Hausschuhe, Straßenschuhe, Strümpfe
- ❍ Morgenmantel oder Trainingsanzug
- ❍ Schlafanzüge, Nachthemden
- ❍ Unterwäsche
- ❍ Kleidung für den Tag der Entlassung

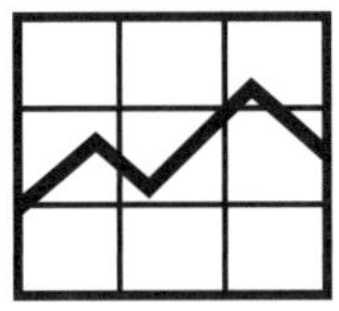

Was man sonst noch brauchen könnte

- ❍ Briefpapier, Umschläge, Briefmarken
- ❍ Brille(n), Kontaktlinsen
- ❍ Bücher / Zeitschriften
- ❍ Radiorecorder / CD-Player
- ❍ etwas Geld (z.B. für kleine Einkäufe in der Cafeteria oder für Telefon und Fernseher im Krankenzimmer)
- ❍ ggf. Gehhilfe
- ❍ ggf. Hörgerät
- ❍ Schreibblock, Stifte
- ❍ Stützstrümpfe
- ❍ Telefonliste (Verwandte, Freunde)
- ❍ Wecker, Uhr

Was nicht ins Krankenhaus gehört

- ❍ Alkohol, Zigaretten
- ❍ echter und wertvoller Schmuck
- ❍ größere Bargeldsummen
- ❍ Handys (besonders eingeschaltete)
- ❍ Sparbücher, Wertpapiere

Wo hab' ich nur die Nummer?

Es gibt begnadete Zeitgenossen, die alle Informationen, die sie im Alltag brauchen, im Kopf haben: Namen, Adressen, Geheimzahlen wie PIN-Nummern und auch alle wichtigen Telefonnummern. Andere Menschen hingegen verfügen über ein selektives Gedächtnis: Sie können sich entweder Namen oder Zahlen merken. Leider merkt man erst dann, wenn man dringend eine Telefonnummer benötigt, dass es gerade dort Gedächtnislücken gibt. Natürlich, Sie haben alle ihre Telefonnummern in einer Datenbank in Ihrem Computer gespeichert – aber wollen Sie den erst hochfahren für ein kurzes Telefonat? Die umseitigen Telefonlisten enthalten noch nichts – es wird Ihnen sicherlich keine Mühe machen, sie mit Ihren wichtigsten Telefonkontakten zu füllen und sie dann griffbereit in Telefonnähe zu postieren.

TELEFONLISTE MEDIZINISCHE HILFE

Notruf	**: 110**	**Unfallchirurgie**	**:**
Feuerwehr	**: 112**	**HNO**	**:**
Hausarzt	**:**	**Hautarzt**	**:**
Vertretung	**:**	**Orthopäde**	**:**
Kinderarzt	**:**	**Augenarzt**	**:**
Zahnarzt	**:**	**Gift-Notruf**	**:**
Frauenarzt	**:**		
Kinderklinik	**:**		

PERSÖNLICHE TELEFONLISTE

Name	Festnetz	Handy

TELEFONLISTE FAMILIE

____

Name	Festnetz	Handy

TERMINE ELTERN

Zeit	Montag	Dienstag	Mittwoch	Donnerstag	Freitag	Samstag	Sonntag
7.00 Uhr							
8.00 Uhr							
9.00 Uhr							
10.00 Uhr							
11.00 Uhr							
12.00 Uhr							
13.00 Uhr							
14.00 Uhr							
15.00 Uhr							
16.00 Uhr							
17.00 Uhr							
18.00 Uhr							
19.00 Uhr							
20.00 Uhr							
21.00 Uhr							
22.00 Uhr							

TERMINE KINDER

Zeit	Montag	Dienstag	Mittwoch	Donnerstag	Freitag	Samstag	Sonntag
7.00 Uhr							
8.00 Uhr							
9.00 Uhr							
10.00 Uhr							
11.00 Uhr							
12.00 Uhr							
13.00 Uhr							
14.00 Uhr							
15.00 Uhr							
16.00 Uhr							
17.00 Uhr							
18.00 Uhr							
19.00 Uhr							
20.00 Uhr							
21.00 Uhr							
22.00 Uhr							

GEFAHRENQUELLEN IM HAUS

❍ Abfalleimer sichern (Gefahren durch Scherben, verdorbene Nahrungsmittel u.ä.)
❍ alkoholische Getränke nicht im Kühlschrank aufbewahren, sondern gesichert hinter verschlossenen Türen

❍ Auto(s) geschlossen halten, Autoschlüssel für Kinder unerreichbar aufbewahren
❍ Bedienelemente von Maschinen und Haushaltsgeräten gegen Zugriff sichern
❍ brennende Kerzen und Kinder nicht im Zimmer allein lassen
❍ Brunnen, Schächte und Regentonnen im Hausbereich mit Deckel versehen
❍ Eierkocher, Kaffeemaschine, Espressomaschine, Wassererhitzer und ähnliche Geräte sichern, wenn sie in Betrieb sind
❍ alle elektrischen Geräte aus dem Bad entfernen (oder einschließen)
❍ Fenster und Außentüren gegen unerwünschtes Öffnen sichern
❍ Feuerzeuge und Streichhölzer kindersicher verwahren
❍ Flaschen mit falschen Inhalten (Lösungsmittel, Putzmittel in Limoflasche o.ä.) beseitigen! Beschriften hilft nicht! Kleinkinder können nicht lesen!
❍ Folgende Räume (falls vorhanden) verschlossen halten, damit Kinder sie nicht ohne die Begleitung eines Erwachsenen betreten können: Kellerräume (besonders Werkstatt, Heizungsraum, Weinkeller, Partykeller, Vorratskeller); Speicher unter dem Dach; Versorgungsraum, Schwimmbad, Sauna/Solarium, Fitnessraum; Gewächshäuser/Geräteschuppen im Garten
❍ Gartentor geschlossen halten
❍ Gartenzaun auf Unfallgefahr prüfen (Spitzen abdecken oder entfernen)
❍ Gießkannen-Wasser nicht mit Dünger stehen lassen
❍ Glastüren mit Aufklebern in Augenhöhe versehen (Gefahr des Übersehens!)
❍ Grundstück gegen unerwünschtes Verlassen sichern
❍ Herdplatten mit Griffschutz versehen
❍ Kamin nicht ohne Aufsicht brennen lassen
❍ »Kletterhilfen« (Gegenstände, auf die das Kind steigen kann) vom Balkon entfernen
❍ Kosmetika sicher verwahren
❍ Medikamente im abschließbaren Schrank verwahren
❍ Pflanzenschutzmittel einschließen!
❍ Plastiktüten sicher aufheben (Erstickungsgefahr!)
❍ Putzmittel und Waschmittel kindersicher verwahren
❍ Regale und Schrankwände in der ganzen Wohnung in den Wänden verankern (besonders im Kinderzimmer)
❍ rutschfeste Matten für Dusche, Wanne und Badezimmerboden
❍ scharfe Kanten sichern oder wenn möglich abrunden (Tisch, Stühle, Treppenkanten)
❍ Schubladen gegen Öffnen sichern (besonders Besteck- und Werkzeug-Schubladen)
❍ Sicherheitsverriegelung für Spülmaschine
❍ Sicherheitsverriegelung für Kühlschrank
❍ Steckdosen mit Kindersicherungen versehen
❍ Stecknadeln, Nähzeug, Scheren für Kinder unerreichbar verwahren

❍ Stühle und Hocker aus der Küche entfernen
❍ Swimmingpool sichern
❍ Tiefkühlfachtruhe oder -schrank gegen unerwünschtes Öffnen sichern
❍ Treppen mit Schutzgittern sichern, Höhe des Handlaufs kontrollieren, gegebenenfalls zusätzliches Seil spannen
❍ Trockner und Waschmaschine gegen Einsteigen sichern
❍ Türstopper anbringen, gegebenenfalls auch Befestigungshaken
❍ Ventilatoren entfernen, wenn die Gefahr des Kontaktes mit den Rotorblättern besteht
❍ Zerbrechliche Gegenstände (Glasvasen) sichern oder entfernen!

KEINE CHANCE FÜR EINBRECHER!

Ist Ihr Haus oder Ihre Wohnung wirklich sicher?

Prüfen Sie, ob Sie und Ihre Familie in Ihren vier Wänden – ob Wohnung oder Haus – sicher vor Einbruch und Diebstahl leben können. Nicht jedes Detail wird für Sie wichtig sein, nicht jede Schutzvorrichtung unabdingbar. Aber: Sicher ist sicher. Je mehr der folgenden Fakten zutreffen, desto unsicherer ist Ihr Haus! Und denken Sie daran: Im Ernstfall genügt eine Schwachstelle!

Eingangstür

- ❍ Die Eingangstür ist zu leicht.
- ❍ Die Eingangstür hat nur einfaches Zuhalteschloss.
- ❍ Die Türbeschläge sind von außen aufgeschraubt.
- ❍ Die Türbänder oder -scharniere sind minderwertig oder schlecht im Mauerwerk befestigt.
- ❍ Das Zylinderschloss hat keinen Schutzbeschlag mit Zylinderabdeckung.
- ❍ Der Profilzylinder des Zylinderschlosses steht mehr als 3 mm vor (kann herausgezogen werden).
- ❍ Die Eingangstür hat kein Zusatzschloss.
- ❍ Das Schließblech ist nur mit einfachen Holzschrauben befestigt.
- ❍ Der Türspion fehlt oder ist schlecht (zeigt nur einen Teil des Flures).
- ❍ Es gibt an der Haustür keinen Sperrriegel innen (zur Sicherung gegen gewaltsames Eindringen, wenn die Tür von innen einen Spaltbreit geöffnet wird).

Andere Türen

- ❍ Balkon- oder Terrassentüren sind nur mit einfachem Kipphebel gesichert (nicht abschließbar).
- ❍ Die Kellertür oder andere Nebeneingänge haben nur ein einfaches Schloss.

Fenster

- ❍ Es gibt Kellerfenster ohne Vorhängeschlösser.
- ❍ Die Keller-Gitterroste sind von außen abnehmbar.
- ❍ Ein Dachfenster ist leicht erreichbar (Regenrinne oder Balkon, herumstehende "Kletterhilfen", im schlimmsten Falle Leitern).
- ❍ Es gibt Fenster mit einfachen Fenstergriffen (nicht abschließbar).
- ❍ Es gibt Fenster ohne Außengitter.
- ❍ Es gibt Fenster ohne Sicherheitsglas.
- ❍ Kippfenster sind ohne zusätzliche Sicherung (von außen zu öffnen).
- ❍ Es gibt Rollos ohne Innensicherung.

Sonstige Schwachstellen

- ❍ Die Bodentreppe ist vom Dachboden aus herunterdrückbar.
- ❍ Das Grundstück ist nachts unbeleuchtet.
- ❍ Das Grundstück bietet Versteckmöglichkeiten (nicht einsehbare Stellen).
- ❍ Es gibt keine Alarmanlage.

CHECKLISTE UMWELTGEFAHREN

Manche Gefahr für Ihre und die Gesundheit Ihrer Kinder liegt im Verborgenen. Hier eine (wertungsfreie) Liste der möglichen Umweltgefahren. Ob Sie nun im Einzelnen an Wirkzusammenhänge glauben oder nicht – bei einer unerklärlichen Gesundheitsstörung sollten Sie alle Aspekte in Betracht ziehen.

❐ **Magnetische Störungen?**

❍ Bett in Nord-Süd-Richtung (längs der Feldlinien des Erdmagnetfeldes)?
❍ Wasseradern?
❍ Hochspannungsleitungen?
❍ Mobilfunk-Masten?
❍ Transformator?

❐ **Elektrosmog-Quelle in der Nähe des Schlafplatzes?**

❍ Radiowecker mit 220 V
❍ Stereoanlage
❍ Quartzlampe (Trafo!)
❍ Computer
❍ Steckdose (besonders wichtig: nicht in Kopfnähe!)
❍ eingeschaltetes Handy
❍ Fernseher
❍ Stromkabel in der Wand (Messgerät im Baumarkt)
❍ sonstige Verkabelungen

❐ **Gasförmige Schadstoffe**

❍ Abgas dringt durchs offene Fenster ein (z.B. bei besonderen Wetterlagen und Windrichtungen)
❍ Putzmittel-Rückstände
❍ verwendete Farben und Lacke
❍ Möbel gasen Schadstoffe aus
❍ Teppiche/Bodenbeläge/Kleber gasen Schadstoffe aus

❐ **Nächtlicher Lärm**

❍ Autobahn/Straße
❍ Flughafen
❍ Sub-Schwingungen (entferntere Lärmquelle)

❐ **Allergene**

❍ Pollen, Pilzsporen von draußen
❍ Hausstaub-Milbenbefall
❍ Kleidung oder neue Wäsche hat Appretur
❍ ein bestimmtes Lebensmittel unverträglich
❍ ein bestimmtes Medikament unverträglich
❍ Zusatzstoffe in Kosmetika unverträglich
❍ feuchte Wände – es bildet sich Pilzbefall (Allergie gegen Pilzsporen)

❐ **Sonstiges**

❍ Giftpflanzen
❍ Zeckenbiss

Organisiert einkaufen

Wer regelmäßig einkauft, kennt das Problem: Irgend etwas fehlt nachher immer, auch wenn man sich fest vorgenommen hat, daran zu denken. Vielleicht helfen die folgenden Seiten.
Sie finden hier zwei unterschiedliche Arten von Listen. Die erste ist eine Art vorgefertigter **Einkaufszettel** für Sie – Sie müssen nur noch ankreuzen, was Sie im Supermarkt oder in einem sonstigen Geschäft einkaufen wollen. Die frei gelassenen Zeilen am unteren Ende des Blattes erlauben Ihnen jeweils, einzelne eigene Artikel hinzuzufügen.

Die zweite Art Liste ist eine **Checkliste Einkauf** – sie soll Sie sozusagen geistig durch alle Abteilungen eines Super-Kaufhauses führen und Ihnen so dabei helfen, Ihren eigenen Einkaufzettel lückenlos zu schreiben. Auch hier gibt es wieder freigelassene Zeilen am Ende jeder Kategorie, die Sie für eigene Ergänzungen nutzen können, denn absolut genau wissen wir natürlich nicht, was in Ihren Einkaufskorb gehört. Los geht es mit einem Merkzettel, der an die Pinnwand oder per Magnet an den Kühlschrank gehört:

FAMILIEN-EINKAUFSZETTEL

Ich brauche dringend …

Wer?	Was?

EINKAUFSZETTEL ALDI

Frühstück
❍ Zimties
❍ Crunchies
❍ Cornflakes
❍ Müsli
....
....
....

Brot & Backwaren
❍ Graubrot
❍ Schwarzbrot
❍ Knäckebrot
❍ Toastbrot
❍ Brötchen
❍ Schokoweckchen
❍ Teilchen
....
....

Backen
Vanillezucker
Backpulver
Zucker
Mehl
Vollkornmehl
Eier
....
....

Süßigkeiten
❍ Kaugummi
❍ Hustenbonbons
❍ Schokolade
❍ Schokoriegel
❍ Kekse
....
....

Dosen
Obst
Gemüse
Suppen
....
....

alkoholfreie Getränke
❍ Saft
❍ Apfelschorle
❍ Eistee
❍ Mineralwasser
❍ Mineralwasser still
....
....

alkoholische Getränke
❍ Dosenbier
❍ Wein
❍ Sekt
....
....

Beilagen
❍ Reis
❍ Nudeln
❍ Kartoffelpürree
❍ Fix Soßen/Suppen
❍ Öl
❍ Essig
....
....

Kühltheke
❍ Frischorangensaft
❍ Joghurt
❍ Quark
❍ Käse
❍ Wurst
❍ Milch
❍ Butter
❍ Kräuterbaguette
....
....

Haushalt
❍ Waschmittel
❍ Müllbeutel
❍ Spülmittel
❍ Klopapier
❍ Haushaltstücher
❍ Tempos
❍ Kleenex
....
....

Tiefkühlkost
❍ Hähnchen
❍ Fertiggerichte
❍ Fisch
❍ Gemüse
❍ Eis
❍ Pizza
....
....

frisches Obst
❍ Bananen
❍ Trauben
❍ Äpfel
❍ Orangen
❍ Kiwi
....
....

frisches Gemüse
❍ Tomaten
❍ Kartoffeln
❍ Zwiebeln
❍ Brokkoli
❍ Blumenkohl
❍ Salat
❍ Paprika
....
....

❍ Blumen

Angebote
❍ Damenbekleidung
❍ Kinderbekleidung
❍ Herrenbekleidung
❍ Computer & Zubehör
❍ Gartenartikel
❍ Möbel

Diverses andere
....
....
....
....
....
....
....

EINKAUFSZETTEL SUPERMARKT

Milchprodukte
- ❍ Milch
- ❍ Joghurt
- ❍ Quark
- ❍ Frischkäse

....
....
....
....

frisches Obst
- ❍ Melonen
- ❍ Äpfel
- ❍ Bananen
- ❍ Birnen
- ❍ Kiwi
- ❍ Kirschen

....
....
....
....

frisches Gemüse
- ❍ Kartoffeln
- ❍ Salate
- ❍ Gurke
- ❍ Tomaten
- ❍ Frühlingszwiebeln
- ❍ Kohl
- ❍ Kräuter

....
....
....
....

Wursttheke
- ❍ Fleischwurst
- ❍ Schinken
- ❍ Wurstaufschnitt

....
....
....
....

Reformhaus
- ❍ Körner
- ❍ Haferflocken
- ❍ Tofu
- ❍ Vitamine
- ❍ Zucker

....
....
....

Frühstück
- ❍ Tee
- ❍ Müslis
- ❍ Cornflakes
- ❍ Dosenmilch

....
....
....

Getränke
- ❍ Saft
- ❍ Cola
- ❍ Limonade
- ❍ Wasser
- ❍ Bier
- ❍ Wein
- ❍ Sekt

....
....
....
....

- ❍ Zeitschriften
- ❍ Zigaretten
- ❍ Schreibwaren
- ❍ Kosmetik
- ❍ Knabbereien
- ❍ Süßigkeiten

Tchibo-Artikel
- ❍ Kaffee
- ❍ Kleidung
- ❍ Garten
- ❍ Haushalt
- ❍ Kinderbekleidung
- ❍ Damenbekleidung

Diverses
- ❍ Senf
- ❍ Gurken
- ❍ Miracel Whip
- ❍ Mehl
- ❍ Zucker
- ❍ Schokostreusel
- ❍ Mandeln
- ❍ Geburtstagskerzen

....
....
....
....
....
....
....
....
....
....

EINKAUFSZETTEL

Gartencenter

❍ Balkonpflanzen
❍ Zimmerpflanzen
❍ Sträucher
❍ Bäume
❍ Grassamen
❍ Samen ....

❍ Blumentöpfe
❍ Blumenkästen
❍ Übertöpfe

❍ Blumenerde
❍ Torf
❍ Rindenmulch

❍ Schaufel
❍ Harke
❍ Rechen
❍ Besen
❍ Gießkanne

❍ Gartenschlauch
❍ Anschlussstücke

❍ Gartenmöbel

❍ Rasendünger
❍ Volldünger
❍ Flüssigdünger

....
....
....
....
....
....

Baumarkt

❍ Nägel
❍ Dübel .... mm
❍ Schrauben .... mm Holz
❍ Schrauben .... mm Gewinde
❍
❍ Schrauben SPAX ..... mm
❍ Schraubendreher ......

❍ Wandfarbe
❍ Acrylfarbe
❍ Pinsel
❍ Farbrolle(n)
❍ Abdeckfolie
❍ Tapeten
❍ Rauhfaser

❍ Klebstoff
❍ Heißkleber

❍ Spanplatte
❍ Holzteile

❍ Moosgummi
❍ Pappen
❍ Bastelbücher
❍ Perlen
❍ Fußmatte
❍ Geschenkartikel

❍ Regalzubehör

❍ Lampe innen, Lampe außen
❍ Glühbirnen, Leuchtmittel
....
....
....

Es geht ums Geld

Unorganisiert zu leben muss nicht in allen Bereichen zwangsläufig schlechte Folgen zeitigen. Das kreative Chaos, die spontane Aktion, das bewusste Sich-Gehen-Lassen sind durchaus positive Werte. Auch im zwischenmenschlichen Bereich führt fehlende Organisation nicht unbedingt zur Katastrophe – da regelt sich manches von selbst. Richtig teuer und sehr folgenreich kann es aber werden, wenn Sie (oder jemand anderes in Ihrer Familie) im finanziellen Bereich den Überblick verlieren.

Das kann Ihnen nicht passieren? Schon möglich, aber um sicher zu gehen, sollten Sie den Überblick behalten. Wenn Sie im folgenden einige der Checklisten durcharbeiten, werden Sie möglicherweise sehen, dass Sie entweder a) unnötig Geld ausgeben oder b) über Ihre Verhältnisse leben oder c) finanzielle Möglichkeiten nicht oder nicht richtig nutzen. Das beste Beispiel dafür ist die Checkliste Versicherungen. So mancher wird feststellen, dass er für wichtige Risiken keine Absicherung hat – für andere wiederum eine doppelte oder dreifache. Viele Partner in jungen Ehen sind z. B. doppelt haftpflichtversichert – eine teure Sache, die sich leicht durch eine Familienhaftpflicht ersetzen lässt.

Die Liste Ihrer Monatsfixkosten, das Haushaltsbuch und die Liste Ihrer Daueraufträge helfen Ihnen dabei, den Überblick zu behalten. Auf den ersten Blick nicht direkt mit Geld in Verbindung zu stehen scheinen die Liste »Dokumente« und die Liste »Garantieunterlagen«. In beiden Fällen kann es aber um viel Geld gehen, wenn Ihnen ein wichtiges Stück Papier fehlt.

MERKZETTEL KONTO

Kontonummer:

....

Bank

....

Bankleitzahl:

....

MONATSFIXKOSTEN

Kostenart	Betrag	fällig	Z*
Miete/Rate Haus			
Grundsteuer antlg.			
Strom			
Wasser			
Müll			
Gas /Öl/sonstige			
Haushaltsgeld			
Fitness-Studio			
Versicherung 1			
Versicherung 2			
Versicherung 3			
Telefon			
Handy 1			
Handy 2			
Auto 1 Rate			
Auto 1 Leasing			
Auto 1 Versicherung antlg.			
Auto 1 Steuer antlg.			
Auto 1 Kraftstoff (ca.)			
Auto 2 Rate			
Auto 2 Leasing			
Auto 2 Versicherung antlg.			
Auto 2 Steuer antlg.			
Auto 2 Kraftstoff			
Hundesteuer			

*Z = Zahlungsweise: D = Dauerauftrag, E = Einzug, EÜ = Einzelüberweisung

MONATSFIXKOSTEN

Kostenart	Betrag	fällig	Z*
Summe			

*Z = Zahlungsweise: D = Dauerauftrag, E = Einzug, EÜ = Einzelüberweisung

DAUERAUFTRÄGE

Kostenart	Betrag	Konto	Datum

Daueraufträge

Diese kurze Liste soll Ihnen den Überblick über Ihre Daueraufträge erleichtern. Natürlich können Sie auch jederzeit bei Ihrer Bank nachfragen oder sie in vielen Fällen auch online sichten und ändern/einrichten.

Das Haushaltsbuch

auf der kommenden Seite ist die einfachste Art, Ausgaben zu notieren, und hat sich bei uns im Alltag bewährt.
In »Kostenart« werden nur Kategorien eingetragen: Lebensmittel, Kleidung, Spielzeug, Auto, Restaurant, Bücher, Musik, Geschenke, Haustiere, Hobbys o.ä.

HAUSHALTSBUCH

Kostenart	Datum	Betrag
	Summe	

CHECKLISTE VERSICHERUNGEN

Sind Sie ausreichend versichert? Sind Sie überversichert/doppelt versichert?

Arbeitslosenversicherung
Diese Pflichtversicherung benötigen nur Arbeitnehmer. Die Beiträge werden mit der Lohn-/Gehaltsabrechnung abgeführt.

Arbeitsunfähigkeitsversicherung/Berufsunfähigkeitsversicherung/Erwerbsminderungsversicherung
Sichert das Risiko der Arbeitsunfähigkeit/Berufsunfähigkeit ab. U.U. wichtig auch als Darlehensabsicherung.
Bei :
Beitrag : Euro

Gebäudeversicherung
Sichert das Haus gegen Schäden, z.B. durch Brand, Sturm, Wasser, Blitzschlag usw.
Bei :
Beitrag : Euro

gesetzliche Krankenversicherung
Sichert bei Krankheit oder Unfall Hilfe durch Ärzte, Zahnärzte, Krankenhäuser sowie Medikamente, Heil- und Hilfsmittel ab. Die Beiträge werden mit der Lohn-/Gehaltsabrechnung abgeführt.
Bei :
Beitrag : Euro

private Krankenversicherung
Sichert bei Krankheit oder Unfall Hilfe durch Ärzte, Zahnärzte, Krankenhäuser sowie Medikamente, Heil- und Hilfsmittel ab
Bei :
Beitrag : Euro

Hausratversicherung
Hier sind die Gegenstände des Haushaltes gegen Risiken abgesichert.
Bei :
Beitrag : Euro

Krankenhaustagegeldversicherung
Eine mögliche Absicherung gegen den Einkommensverlust und höhere Kostenaufwendungen im Falle stationärer Behandlung
Bei :
Beitrag : Euro

Lebensversicherung – Kapital
Die Versicherungssumme wird im Falle des Vertragsablaufs oder im Todesfall gezahlt. Klassische Alterssicherung!
Bei :
Beitrag : Euro

Lebensversicherung – Risiko
Nur das Todesfall-Risiko ist abgesichert – wichtig auch als Darlehensabsicherung und bei Alleinverdienern!
Bei :
Beitrag : Euro

Pflegeversicherung (gesetzliche)
Pflichtversicherung – Beiträge werden mit der gesetzlichen Rentenversicherung abgeführt.

Private Haftpflichtversicherung
Mit die wichtigste Versicherung für die Familie.
Wichtig: Ab welchem Alter sind Kinder mitversichert?
Bei :
Beitrag : Euro

Private Rechtschutzversicherung
Familien-Rechtschutz
Sichert die Familie im Falle von Rechtsstreitigkeiten
Bei :
Beitrag : Euro

Rentenversicherung – gesetzliche
Die Beiträge dieser Versicherung werden mit der Lohn-/Gehaltsabrechnung abgeführt.
Bei :
Beitrag : Euro

Rentenversicherung – private
Ab einer bestimmten Einkommenshöhe kann man die Rentenversicherung privat (freiwillig) übernehmen.
Bei :
Beitrag : Euro

Rentenzusatz-Versicherung (z. B. Riester-Rente)
Staatlich geförderte Zusatzversicherung zur gesetzlichen Rentenversicherung.
Bei :
Beitrag : Euro

Unfallversicherung
Zum Ausgleich wirtschaftlicher Nachteile bei Unfällen (z.B. Sportunfälle)
Bei :
Beitrag : Euro

Auto Haftpflicht
Bei :
Beitrag : Euro

Auto Teilkasko
Bei :
Beitrag : Euro

Auto Vollkasko
Bei :
Beitrag : Euro

Auto Insassen
Bei :
Beitrag : Euro

Auto Rechtschutz
Bei :
Beitrag : Euro

DOKUMENTEN-FINDER

Es ist nicht immer ganz einfach, gerade das Dokument zur Hand zu haben, das gebraucht wird. Viele Ordnungssysteme haben ihre Tücken, und auch wer extrem Ordnung hält, ist vor diesem Problem nicht sicher. Das liegt unter anderem daran, dass nicht immer eine eindeutige Zuordnung möglich ist und der Mensch, der Ordnung macht, heute so und morgen so entscheidet. Beispiel: Wo lege ich die Police der Haftpflichtversicherung für das Auto ab? Im Ordner »Auto« oder im Ordner »Versicherungen«? Auch gegen zufällige Irrläufer ist man nicht gefeit. Diese einfache Liste, sozusagen als zentrale Datei aller Dokumente, kann das Auffinden erleichtern, wenn Sie bei der Ablage eines wichtigen Schriftstücks kurz eintragen, wo es zu finden sein wird. Wichtig: Geben Sie Ihren Ordnern eindeutige Namen!

DOKUMENT	ORDNER

GARANTIE-DATEN

Verwenden Sie diese Seite als Deckblatt eines A-4-Ordners, in dem Sie die Garantieunterlagen und Rechnungen abheften.

Gerät	**gekauft bei**	**Kaufdatum**	**Garantiezeit**

Fängt mit Au! an, hört mit O! auf

Nein, keine Angst, um das Auto gibt es schon genug Papierkram – wir wollen diesen nicht unnötig erweitern. Doch die wenigen Listen, die Sie in diesem Buch finden, können Ihnen wertvolle Hilfe gegen, z. B. wenn es darum geht, einen Werkstattbesuch oder eine TÜV-Abnahme effektiv zu gestalten. Wir haben uns hier bewusst auf die wichtigsten Punkte beschränkt. Weitere Hilfsmittel finden Sie sicher im Internet auf den Seiten der Automobil-Klubs oder im Buchhandel.

Die »Checkliste Gebrauchtwagen« kann nicht nur verhindern, dass Sie sich einen rollenden Schrotthaufen kaufen – auch Mängel bei einem relativ guten Gebrauchtwagen können mit ihrer Hilfe aufgedeckt werden.

Das darauf folgende Formular »Werkstatt-Anmeldung« können Sie in unterschiedlicher Weise nutzen: Zum einen können Sie es ausgefüllt bei einem Werkstatttermin übergeben. Es lässt sich aber auch als Anfrage für einen Werkstatttermin zu Ihrer Kraftfahrzeugwerkstatt faxen. Der Vorteil: Alle für Ihren Werkstatttermin wichtigen Daten und auch die auszuführenden Arbeiten sind schwarz auf weiß festgehalten.

MERKZETTEL

KFZ-ANMELDUNG / -UMMELDUNG

❒ Kraftfahrzeugbrief
❒ Kraftfahrzeugschein
❒ Personalausweis / Pass
❒ Versicherungsbestätigung (Doppelkarte)
❒ Abgas-Untersuchung (AU)
❒ u.U. persönliche Vollmacht
❒ alte Schilder
❒ Beleg über vorübergehende Stilllegung
❒ Bargeld
❒ ABE (allgemeine Betriebs-Erlaubnis) für alle zusätzlichen Ein- und Umbauten, so diese bisher noch nicht im Brief eingetragen sind)

CHECKLISTE GEBRAUCHTWAGEN

Baujahr ....
km-Stand ....
Zahl der Vorbesitzer ....
TÜV-Termin ....
ASU-Termin ....
Letzte Inspektion: ..../.....
Wert (Schätzliste): ....
Preis (VB): ....
KW/PS (wichtig für Kosten der Versicherung!)
....
Steuern jährlich:
....

❐ 5-Gang-Getriebe
❐ 6-Gang-Getriebe
❐ Automatik-Getriebe
❐ ABS
❐ Airbag(s)
❐ Außenspiegel rechts
❐ Autotelefon
❐ elektrische Fensterheber
❐ Katalysator Euronorm
❐ Katalysator geregelt
❐ Klimaanlage
❐ Klimaautomatik
❐ Navigationssystem
❐ Schiebedach
❐ Servolenkung
❐ Zentralverriegelung

❐ Unfallfreies Fahrzeug? (schriftliche Bestätigung)
❐ Kundendienstheft: regelmäßig Inspektionen?

❐ km-Stand auf Tacho mit Kundendienstheft vergleichen!
❐ Ölverbrauch schriftlich bestätigen lassen!

Funktionstest
❐ Blinker
❐ Abblendlicht/Fernlicht
❐ Heckscheibenheizung
❐ Innenbeleuchtung
❐ Lüftungsgebläse
❐ Nebelscheinwerfer
❐ Radio
❐ Kassettenrecorder
❐ CD-Player/-wechsler
❐ alle Lautsprecher ok?
❐ Scheibenwischer
❐ Warnblinkanlage

Zustandskontrolle
❐ korrekte Reifengröße (siehe KFZ-Schein)
❐ alle Reifen gleich (auch gleich abgenutzt)? Einseitige Abnutzung = Spurfehler!
❐ Zustand Reserverad
❐ Profil – minimal 4 mm, besser mehr
❐ alle Reifen gleicher Typ (radial oder diagonal)?
❐ riss- und verformungsfreie Seitenwände der Reifen?
❐ Zustand der Felgen: Verformungen, Beschädigungen, Risse
❐ korrekte und einwandfreie Radmuttern?
❐ Lenkung leichtgängig?
❐ Lenkspiel am Lenkrad (max. ein bis zwei Zentimeter).

❐ Keine Schleifgeräusche an der Karosserie bei vollem Lenkeinschlag.

Test Batterie
❐ Batterie ist äußerlich sauber
❐ Pole sind einwandfrei (nicht oxidiert, beschädigt oder mit weißem Belag überzogen)
❐ Anschlußkabel sind einwandfrei (Isolation)
❐ Powertest: Bei kaltem Motor mehrere Stromverbraucher einschalten (Licht/Fernlicht/Nebellicht, Klimaanlage, Radio) und mehrfach hintereinander starten. Austausch nötig, wenn die Batterie dabei in die Knie geht.

Test Fahrwerk
❐ Räder kräftig hin und her bewegen. Es darf kein Spiel spürbar sein. Auf der Bühne müssen sich die Räder leicht drehen lassen – Knacken deutet auf Defekte in den Radlagern hin.

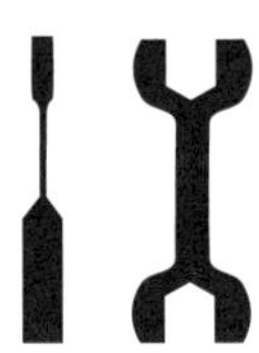

❐ Stoßdämpfer: Den Wagen an jedem Rad nach unten drücken. Er muss kurz zurückfedern und sofort zur Ruhe kommen. Bei defekten Stoßdämpfern Nachwippen!

Prüfung Motor

❐ Kühlwasser? (Ölrückstände im Kühlwasser weisen auf eine defekte Zylinderkopfdichtung hin)
❐ Kühlwasserschläuche glatt und ohne Risse?
❐ Leerlaufdrehzahl ok? (800 bis 1200 U/min)
❐ Läuft der Motor im Leerlauf rund und ohne ungewöhnliche Nebengeräusche (Mahlen, Scheppern, Klingeln o.ä.)?
❐ Motorblock trocken (auch von unten)?
❐ Motorölstand?
❐ Öl am Stab klar? (Dunkles Öl zeigt starke Verschmutzung = unregelmäßige Ölwechsel). Heller Schaum am Messstab weist auf eine defekte Zylinderkopfdichtung hin.)
❐ Auspuff am Rohrende hellbraun/grau und absolut trocken? (Feuchtigkeit und Öl weisen auf Motorschäden, bestenfalls auf einen schlecht eingestellten Motor hin.)

Äußerlicher Zustand

❐ Alle Sitze und Lehnen einwandfrei einzustellen und zu arretieren?
❐ Funktionstest Türen (einwandfrei zu öffnen, schließen und verriegeln? Klemmen kann auf Unfallschaden hinweisen!)
❐ Gummidichtungen der Scheiben und Türen dicht, rissfrei und elastisch?
❐ Fugenmaß: Haben die Fugen an den Türen, der Motorhaube und am Kofferraumdeckel die gleiche Breite? Wenn nicht: Unfallwagen!
❐ Kofferraumdeckel einwandfrei zu öffnen und schließen?
❐ Lack glänzend, glatt, rissfrei und ohne Blasen oder Rostpickel?
❐ Lack und Windschutzscheibe ohne Steinschlagschäden?
❐ Lenkrad und Schalthebel ohne starke Griffspuren (abgegriffen = hohe Kilometerleistung)?
❐ Motorhaube einwandfrei zu öffnen, schließen und verriegeln?
❐ Scheinwerferglas, Blinklichter und Heckleuchten hell und innen ohne Feuchtigkeit?
❐ Sprühnebel auf Altlack (nachlackiert)?
❐ Wagenboden unter den Matten rost- und feuchtigkeitsfrei?
❐ Windschutzscheibe ohne Kratzer und Risse?

Probefahrt

❐ Fahrgeräusch ok?
❐ Gibt es ungewöhnliche Nebengeräusche?
❐ Liegt der Wagen gut auf der Straße?
❐ Ist die Bremse standfest (kein Nachlassen der Wirkung bei Talfahrt)?
❐ Bremse spricht früh genug an (spätestens wenn das Pedal halb durchgetreten ist)?
❐ Bremsvorgang ohne Quietschgeräusche von den Scheiben?
❐ Bremskraft gleichmäßig und stark?
❐ Erreicht der Wagen die angegebene Höchstgeschwindigkeit?
❐ Gasannahme: Zieht der Motor ohne Stottern und Ruckeln hoch?
❐ Hält der Wagen die Spur? (Einseitiges Ziehen kann auf Achsdefekt oder Unfall hindeuten.)
❐ Hand- bzw. Feststellbremse ausreichend stark?
❐ Ist das Fahrzeug in allen Gängen leicht und lautlos zu schalten?
❐ Kommt die Kupplung rechtzeitig (korrektes Kupplungsspiel 20-30 mm)?
❐ Test Kupplung: Handbremse anziehen, im 2. Gang anfahren. Motor muss ausgehen.
❐ Lenkung in Ordnung? (Lenkrad zittert = Räder nicht richtig ausgewuchtet)
❐ Schaltet die Automatik korrekt? Nutzt sie alle Stufen?

WERKSTATT-ANMELDUNG

Name :
E-Mail :
Telefon tagsüber :
Telefon privat :
Handy :

Modell :
Baujahr :
Kilometerstand :
Kennzeichen :

Auszuführende Arbeiten:

❍ Ölwechsel
❍ Inspektion
❍ Hauptuntersuchung
❍ Abgasuntersuchung (AU)
❍ Sonstige, nämlich:

❍ Für meinen Werkstatttermin benötige ich einen Kundendienstersatzwagen (Leihwagen).
❍ Bitte teilen Sie mir mit, wie lange die beauftragten Arbeiten voraussichtlich dauern werden.
❍ Bitte teilen Sie mir mit, was die beauftragten Arbeiten voraussichtlich kosten werden.

Fehler und Mängel, die beseitigt werden sollen:

Sonstige Bemerkungen:

Familie auf Reisen

Klar, auch Urlaub ohne Organisation macht Spaß. Für viele Menschen ist gerade das Vergnügen an der Spontaneität das wichtigste Urlaubsgefühl. Wie wunderbar kann es sein, einfach ins Blaue zu fahren, sich den Wind um die Ohren wehen zu lassen und gerade dort zu bleiben, wo es einem gefällt. Für den unternehmenslustigen Single mit der goldenen Kreditkarte und beliebig viel freier Zeit im Gepäck ist ein Spontanurlaub kein Problem.

Anders sieht die Sache aus, wenn aus Single oder Paar eine komplette Familie geworden ist. Selbst ein simpler (und für die Familie sehr kostensparender) Camping-Urlaub geht ohne ein Mindestmaß an Organisation massiv in die Hose (wenn er das nicht schon wegen der bei uns üblichen Wetterlage tut). Und: Anders als der Single, der allenfalls sein ohnehin nie aufgeräumtes Apartment hinterlässt, in dem die Putzfrau in seiner Abwesenheit endlich einmal »Klarschiff« machen kann, bleibt bei der Familie meist eine große Wohnung oder ein komplettes Einfamilienhaus zurück, in dem die Familie bei ihrer Rückkehr nicht gerade unliebsame Überraschungen erwarten sollten.

Auch der Standard in Sachen Urlaub ändert sich, wenn es um Familie geht: Einmal ist nicht mehr alles gut, was teuer ist. Welche Familie muss nicht aufs Geld schauen? Hinzu kommen gewisse Qualitätsanforderungen: Mängel und andere unliebsame Überraschungen, über die der Single oder das verliebte junge Paar lächelnd hinwegsehen, können für eine Familie Mega-Stress bedeuten. Daher gibt es für den Familienurlaub gleich drei Planungsphasen:

Die Urlaubsvorbereitung
Was Sie hier vergessen, kann später üble Folgen nach sich ziehen!

Die Abreise
Es gibt Dinge, die man nur in letzter Minute regeln kann.

Die Reise selbst
Zwar ist der Weg oft das Ziel, aber nicht unbedingt für eine Familie, die gelangweilte Kinder beschäftigen muss!

Einmal am Urlaubsort angekommen, hat die Planerei meist ein Ende. Wie gut man es getroffen hat und wie erholsam die Urlaubswochen werden, hängt von diesen drei vorbereitenden Phasen ab.

Fazit: Organisation ist beim Familienurlaub alles! Deshalb nimmt das Thema Urlaub hier so viel Raum ein. Wir hoffen, Sie können das eine oder andere organisatorische Hilfsangebot nutzen.

CHECKLISTE AUTO-URLAUB

Technik-Check

- ❍ Batterie prüfen
- ❍ Beleuchtung
- ❍ Bremsen/Bremsflüssigkeit kontrollieren
- ❍ Dachgepäckträger fest?
- ❍ Fahrzeugbeleuchtung kontrollieren
- ❍ Frostschutz ok?
- ❍ Für Wohnwagen 2. Außenspiegel
- ❍ Getriebe-/und Differenzialöl
- ❍ Keilriemen ok?
- ❍ Kühlerwasser kontrollieren
- ❍ Kühlmittelschläuche prüfen
- ❍ Luftdruck um 0,2 Bar erhöhen (wegen Gepäck)
- ❍ Luftfilter prüfen
- ❍ Motorenöl prüfen
- ❍ Profiltiefe der Reifen kontrollieren
- ❍ Reifen auf Beschädigungen prüfen
- ❍ Reifendruck und -profil kontrollieren
- ❍ Reifendruck Reservereifen
- ❍ Reserveschlüssel fürs Auto mitnehmen
- ❍ Scheiben gründlich reinigen
- ❍ Scheibenwaschanlage prüfen
- ❍ Scheibenwischblätter prüfen
- ❍ Sommerreifen? Winterreifen?
- ❍ TÜV-Termin? AU?
- ❍ Zündkerzen / Zündleitungen ok?

Grundausrüstung

- ❍ Abschleppseil
- ❍ Autoatlas/Landkarten
- ❍ Bordwerkzeug (Kreuzschlüssel, Isolierband, Draht, Bindfaden, Kabel)
- ❍ Decke
- ❍ Taschenlampe
- ❍ Feuerlöscher
- ❍ Kindersitz(e)
- ❍ Kleinbildkamera zur Beweissicherung bei einem Unfall
- ❍ ggf. Lenkradsicherungsgestänge
- ❍ Reparatur-Handschuhe
- ❍ Reservereifen
- ❍ Schneeketten
- ❍ Verbandskasten (komplett? Einweghandschuhe?)
- ❍ Verzeichnis von Kundendienststellen und/oder Werkstätten am Urlaubsort
- ❍ Wagenheber
- ❍ Warndreieck

Ersatzteile

- ❍ 1 Liter Reserveöl
- ❍ Benzinkanister leer
- ❍ Ersatzsicherungen (unterschiedliche Stärke!)
- ❍ Keilriemen
- ❍ Reservewasser für Kühler und Scheibenwaschanlage
- ❍ Bremslicht-Ersatzbirnen
- ❍ Rücklicht-Ersatzbirnen
- ❍ Scheinwerfer-Ersatzbirnen

Papiere usw.

- ❍ (Auslands-)Schutzbrief
- ❍ Autobahn-Vignetten
- ❍ Automobilclub-Mitgliedskarte
- ❍ Benzingutscheine
- ❍ Betriebsanleitung
- ❍ CDs für das Navigationssystem
- ❍ Grüne Versicherungskarte
- ❍ Internationaler Führerschein
- ❍ Kfz-Schein
- ❍ Kleingeld griffbereit
- ❍ Reservebrille
- ❍ Sonnenbrille
- ❍ Straßenatlas/Karten
- ❍ Telefonkarte griffbereit
- ❍ Vollkasko-Kurzversicherung

CHECKLISTE FAHRRADURLAUB

Wasserdichte Packtaschen
❍ zwei separate Packtaschen, hinten
❍ ggf. zwei Low-Rider-Packtaschen, vorn
❍ eine Lenkertasche mit Kartenfach
❍ ggf. Packrolle, hinten

Inhalt der Packtaschen
Bekleidung
❍ kurze Hose
❍ lange Hose
❍ Radlerhose
❍ Socken
❍ Unterwäsche
❍ T-Shirts
❍ Regenhose
❍ Pullover
❍ Windjacke (regendicht)
❍ Schirmmütze
❍ Badezeug
❍ Turn-/Fahrradschuhe
❍ weiteres Paar Schuhe/Sandalen
❍ Radler-Sandalen
❍ Radler-Handschuhe
❍ Fahrradhelm

Orientierung + Papiere
❍ Geldgürtel
❍ Radwander-/Radtourenkarten
❍ Radreiseführer
❍ ggf. Sprachführer
❍ Personalausweis/Paß/Bahncard (ggf. Jugendherbergsausweis)
❍ »Bett&Bike«/Dachgeber (ggf. DJH-Verzeichnis)
❍ Geld/Schecks/ec-Karte/Kreditkarte
❍ Kopien der Papiere
❍ Schreibzeug
❍ Notizbuch mit Adressen

Radapotheke
❍ Erste-Hilfe-Set
❍ Pflaster/Stretchverband
❍ Insektenschutzmittel
❍ Fieberthermometer
❍ Antidurchfallmittel
❍ Desinfektionsmittel
❍ Ohrstopfen

Waschen + Pflegen
❍ Duschgel/Shampoo
❍ Kamm/Bürste
❍ Zahnbürste/Zahnpasta
❍ Sonnenschutzmittel
❍ Rasiermittel
❍ Monatshygiene
❍ Waschmittel/Waschpaste
❍ Spülmittel/Küchentuch
❍ Klopapier/Taschentücher
❍ Schuhputzzeug/Nähzeug

Fahrradausstattung
❍ Fahrrad-Schloß
❍ Ersatzschlauch
❍ Trinkflaschen
❍ Luftpumpe und Flickzeug
❍ Werkzeug, Lappen
❍ Ersatzseilzüge für Bremsen und Schaltung
❍ Kleinteile (Muttern, Schrauben, Scheiben, Bremsschuhe, Draht, 2-Komponenten-kleber, etc.)

Sonstiges
❍ AIRMAX-Luftdruckmesser
❍ Fotoapparat und Filme
❍ Taschenmesser
❍ Taschenlampe
❍ Klappschere
❍ Kerze/Kerzenlaterne
❍ Literatur
❍ Rad-Brille

Camping
❍ Schlafsack
❍ Isomatte
❍ Leichtgewichtzelt
❍ Gewebeklebeband
❍ Reisekocher
❍ Geschirr
❍ Salz, Zucker und Kräuter

(Quelle: ADFC – Allgemeiner Deutscher Fahrrad-Club e.V.)

CHECKLISTE URLAUB

- ❍ Adressen für Urlaubsgrüße
- ❍ Auslandskrankenschein besorgen
- ❍ Auslandskrankenversicherung (UKV)
- ❍ Auto technisch überprüfen lassen
- ❍ Bargeld in Landeswährung, Reiseschecks und Euroschecks besorgen
- ❍ Benzingutschein/Fahrkarten/ Flugtickets /Autobahnvignetten
- ❍ Erreichbarkeit: Ist das Handy im Ausland funktionstüchtig?
- ❍ Eurocard/Visacard und EC-Karte (Gültigkeit kontrollieren!)
- ❍ Foto- oder Videoausrüstung einpacken (Seriennummern notieren!),
- ❍ Filmmaterial kaufen
- ❍ Grüne Versicherungskarte/ Auslandsschutzbrief
- ❍ Haustiere und Zimmerpflanzen in Pflege geben/für Betreuung sorgen
- ❍ Internationaler Führerschein (Gültigkeit kontrollieren!)
- ❍ Kinderspielsachen für die Fahrt
- ❍ Landkarten/Reiseführer/CDs für Navigationssystem
- ❍ Nachsendeauftrag?
- ❍ Personalausweis, Reisepass (auf Gültigkeit achten)
- ❍ Regenschutz/Schirm
- ❍ Reiseapotheke mit wichtigen Medikamenten (sicherheitshalber größere Menge, falls es zu unerwarteten Rückreiseverzögerungen kommt)
- ❍ Schmuck, Wertsachen und Dokumente sicher deponieren (z.B. im Bankschließfach)
- ❍ Schutzimpfungen und Impfbescheinigungen (Gültigkeit!)
- ❍ Sonnenbrille
- ❍ Sonnenschutzmittel in korrekter Stärke kaufen
- ❍ termingebundene Zahlungen abwickeln (z. B. Miete, Strom, Versicherungsbeiträge)
- ❍ Visum beantragen
- ❍ Zeitungen ab- oder umbestellen

KURZ VOR DEM START ...

- ❍ Antennenstecker und andere Stecker aus den Steckdosen ziehen
- ❍ Flugtickets und Ausweisdokumente im Handgepäck verstauen
- ❍ Gas, Wasser und Licht abstellen
- ❍ Koffer mit Adressenschild versehen
- ❍ Mülleimer leeren
- ❍ Verderbliche Lebensmittel verbrauchen oder dem Nachbarn schenken
- ❍ Schränke, Fenster und Türen schließen
- ❍ Zweitschlüssel für Wohnungstür und Briefkasten Nachbarn übergeben
- ❍ Urlaubsanschrift an mehreren Stellen hinterlassen

CHECKLISTE: URLAUB MIT KIDS

Sorgfältige Planung und Vorbereitung erspart Ihnen Ärger unterwegs und am Zielort. Haben Sie an die folgenden Dinge gedacht? Stellen Sie dem Reisebüro / dem Urlaubsanbieter die entsprechenden Fragen!

- Babysitter-Service im Hotel?
- Gibt es Kinderbeschäftigung (Animation)?
- Kinderpool?
- Kinderstühle?
- Kindermenü?
- Gibt es ein eigenes Restaurant für Kinder?
- Kinderfahrräder?
- Kindersitz(e) im Mietwagen?
- Den eigenen Sitz mitnehmen?
- Getrennte Schlafräume für Kinder? Kinderbetten?
- Gibt es viele Stufen = Probleme mit dem Kinderwagen?
- Ist der Strand für Kinder geeignet (gesäubert, flach abfallend, feiner Sand, ohne Untiefen und Priele, Aufsicht)?
- Sanitäranlagen am Strand vorhanden?
- Schatten am Strand? Sonnenschirme? Strandkörbe?
- Strand nah am Hotel? Wenn nicht: Hotel-Shuttlebus, wie oft?
- Sind stark befahrene Straßen in der Nähe?
- Nachsaison/Vorsaison: Welche Angebote sind geschlossen/ entfallen?
- Kinderarzt? Kinderklinik? Das nächste Krankenhaus?
- Arzt oder Ärztin, die Deutsch sprechen?
- Gibt es Schlangen, Skorpione, andere giftige Tiere?
- Gibt es Parasiten oder gefährliche Krankheiten (Impfung!)

CHECKLISTE REISEBEDARF

- ❍ Kaffee, Tee
- ❍ Wasser
- ❍ Cola
- ❍ Mineralwasser
- ❍ Reisetabletten
- ❍ Obst, Messer
- ❍ belegte Brote
- ❍ Tomaten
- ❍ Feuchttücher
- ❍ Papiertaschentücher
- ❍ Hustenbonbons
- ❍ Sonnenbrillen
- ❍ Sonnenschutzmittel
- ❍ Kühlbox
- ❍ Spielzeug für die Kinder
- ❍ Bücher für die Kinder
- ❍ Hörspielkassetten für die Kinder
- ❍ Walkman
- ❍ Taschenmesser
- ❍ Abfallbehälter
- ❍ Reisetabletten

CHECKLISTE REISEAPOTHEKE

Ihre Reiseapotheke sollte enthalten:

- ❍ Augen- und Ohrentropfen
- ❍ Heftpflaster
- ❍ Schere
- ❍ elastische Binden
- ❍ Fieberthermometer
- ❍ Pinzette
- ❍ Sonnenschutzmittel
- ❍ Insekten abweisende Mittel
- ❍ Antibabypillen
- ❍ Kondome
- ❍ Tampons/Binden
- ❍ Ohrstöpsel
- ❍ Wunddesinfektionsmittel

Außerdem Mittel gegen:

- ❍ Durchfallerkrankungen
- ❍ Magenverstimmung
- ❍ Insektenstiche
- ❍ Erbrechen & Reisekrankheit
- ❍ Sonnenbrand/Sonnenallergie
- ❍ Fieber (auch für Kinder)
- ❍ Schmerz (Tag & Nacht)
- ❍ Grippe
- ❍ Mund- und Rachenentzündungen

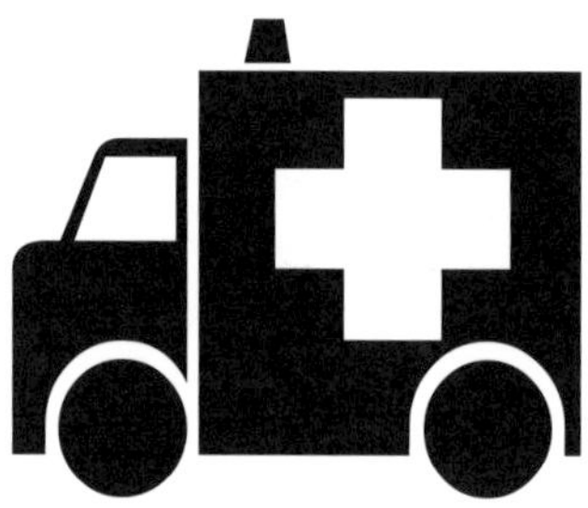

CHECKLISTE CAMPING

- ❍ Blasebalg
- ❍ Besteck
- ❍ Bindfaden
- ❍ Brotmesser
- ❍ Campingstühle + Campingtisch
- ❍ Gasflaschen, Gasleuchte
- ❍ Hammer, Häringe, Nägel
- ❍ Hocker
- ❍ Isomatte
- ❍ Klappspaten
- ❍ Kerzen
- ❍ Kocher + Topf/Töpfe
- ❍ Kunstteppich
- ❍ Kühltasche/Kühlbox
- ❍ Luftmatratze
- ❍ Plastikplane
- ❍ Proviant
- ❍ Schlafsack
- ❍ Schnüre
- ❍ Sonnenschirm + Ständer
- ❍ Spülmittel + Geschirrtücher
- ❍ Strandmatte(n)
- ❍ Stromkabel
- ❍ Taschenlampe (Klemmlampe)
- ❍ Teller + Tassen
- ❍ Toilettenpapier
- ❍ Waschschüssel + Waschmittel
- ❍ Zelt(e), Vorzelt(e)

CHECKLISTE WOHNMOBIL

- ❍ Adapterkabel
- ❍ Auffahrkeile
- ❍ Bedienungsanleitungen
- ❍ Bettverlängerung
- ❍ Bordwerkzeug
- ❍ Campingführer
- ❍ Dosenöffner
- ❍ Flaschenöffner
- ❍ Gasanzünder oder Streichhölzer
- ❍ Gasflaschen, Gasgrill
- ❍ Gasschlauch
- ❍ Insektenschutz
- ❍ Kabelrolle
- ❍ Kehrbesen und Kehrblech
- ❍ Kfz-Schein
- ❍ Kurbel/Markise
- ❍ Kurbel/Stützen
- ❍ Mückennetze
- ❍ Nachfüller Sanitär-Chemikalien
- ❍ Sandbleche oder Bretter
- ❍ Schneeketten
- ❍ Spülmittel, Geschirrtücher
- ❍ Staubsauger
- ❍ Streichhölzer, Gasanzünder
- ❍ Taschenlampe
- ❍ Verbandskasten
- ❍ Warndreieck

CHECKLISTE HUND IM URLAUB

- ❒ **Sind Tiere am Ferienort (Hotel, Ferienwohnung, Campingplatz) erlaubt?**
- ❒ **Ist die Anreise hundefreundlich (genug Pausen mit Auslauf)?**

- ❒ Adresse eines Deutsch sprechenden Tierarztes am Urlaubsort
- ❒ Adress-Schild mit Tel-Nummer am Halsband, falls der Hund verlorengeht
- ❒ Anti-Floh- und -Zeckenmittel
- ❒ Beruhigungsmittel (u.U. auch fürs Herrchen oder Frauchen)
- ❒ Brandsalbe
- ❒ Desinfektionslösung
- ❒ Diätfutter in ausreichender Menge (bei krankem Hund)
- ❒ Dosenöffner
- ❒ ein Buch über erste Hilfe beim Hund
- ❒ Einmalhandschuhe
- ❒ Einmalspritze (zum Eingeben von Flüssigkeiten)
- ❒ elastische Binden
- ❒ Entwurmungsmittel
- ❒ Ersatzleine
- ❒ Fieberthermometer
- ❒ Futter, wenn man im Urlaubsland nicht die gewohnte Kost bekommt
- ❒ Halsband gegen Sandmücken in Leishmaniose-Gebieten
- ❒ Impfpass
- ❒ Kohletabletten
- ❒ Leckereien, Kauknochen
- ❒ Maulkorb
- ❒ Medikamente, die der Hund regelmäßig zu sich nehmen muss
- ❒ Mullbinden und Mullkompressen
- ❒ physiologische Kochsalzlösung (z. B. zum Spülen der Augen bei Entzündungen)
- ❒ Pinzette mit abgerundeten Spitzen (z. B. zum Entfernen von Splittern)
- ❒ selbsthaftende Binden
- ❒ sterile Gazetupfer
- ❒ Polsterwatte
- ❒ Taschenlampe
- ❒ Telefonnummern des Haustierarztes, der nächsten Tierklinik und des Tierärztlichen Notdienstes
- ❒ Unterlagen über die Krankengeschichte des Hundes
- ❒ Verbandkasten
- ❒ Verbandschere (mit stumpfen Enden)
- ❒ Verbandwatte
- ❒ wasserfestes Klebeband
- ❒ Wundsalbe
- ❒ Zeckenzange (ggf. Zeckenprophylaxe/ Herzwurmprophylaxe)

Abfall und Recycling

Das Thema Müll ist in der Familie ein leidiges. Das Bild der fröhlich recycelnden Super-Familie kommt wohl nur in Werbespots vor. Auch die Einrichtung eines »Recycling-Beauftragten« wird an dieser Situation nichts ändern, und ein derartig aufgesetztes Amt wird auch in der motivierten Familie bald einschlafen. Andererseits bieten sich in diesem Bereich gerade für Familien mit Kindern kleine, überschaubare Aufgaben an, die auch die jüngeren Familienmitglieder mühelos bewältigen können. Einmal durchs Haus gehen und alle Papierkörbe in die dafür vorgesehene Papiertonne leeren – das ist schon zu machen. Deshalb unsere Familien-Müll-Orga auf der kommenden Seite. Der Plan unten soll für den Überblick in Sachen Sperrmüll sorgen – wie oft bleiben Sachen im Keller stehen, wenn der Sperrmüll abgeholt wird! Vielleicht erinnert Sie unser Merkzettel Sperrmüll rechtzeitig.

MERKZETTEL SPERRMÜLL

Telefon-Nummer Sperrmüll:

....

Die nächsten Sperrmüll-Temine:

....

Was soll auf den Sperrmüll?

....

....

....

....

MÜLL-AUFGABEN-PLAN

Wer erledigt was im Haus? Welche Aufgaben gibt es in den einzelnen Recycling-Bereichen?

Papier/Pappe – Papiertonne
Papierkörbe leeren
Zeitungen sammeln und in den Papiermüll
Verpackungen zerlegen und in den Papiermüll
Papiermüll auf andere Müllarten durchsehen
Papiermüll zum Termin rausstellen
Der nächste Termin ....

Biomüll – grüne Tonne
Gartenabfall in den Kompost
Gartenabfall in die grüne Tonne
Küchenabfall in den Kompost
Küchenabfall in die grüne Tonne
Biomüll auf andere Müllarten durchsehen
Biomüll zum Termin rausstellen
Der nächste Termin ....

Plastikmüll – gelber Sack – gelbe Tonne
Joghurtbecher u.ä. vorreinigen
Plastikmüll in den gelben Sack/Tonne
Plastikmüll auf andere Müllarten durchsehen
Plastikmüll zum Termin rausstellen
Der nächste Termin ....

Restmüll – graue Tonne
Restmüll in die graue Tonne
Restmüll auf andere Müllarten durchsehen
Restmüll zum Termin rausstellen
Der nächste Termin ....

LISTE DER UMWELTSÜNDEN

Wer treibt Kriminelles in Sachen Müll? Das muss bestraft werden!

Vergehen	**Wiedergutmachung**
Wasserverschwendung	Regentonne für den Garten kaufen
Papierverschwendung am Computer	eine Woche Mülldienst
Wagen wild gewaschen	eine Woche Fahrrad fahren
Biomüll in den Restmüll geworfen	Komposthaufen einrichten
Einwegpackung gekauft	Pfandkästen zurückbringen
Plastikmüll nicht getrennt	zwei Wochen Mülldienst
Restmüll in die Biotonne	drei Wochen Mülldienst
scharfes Putzmittel benutzt	Greenpeace-Mitglied werden
unnötig Auto gefahren	zwei Wochen mit dem Bus
Farbe ohne Öko-Siegel gekauft	20 Euro Spende für Robin Wood
Rasen mit Trinkwasser gegossen	vier Wochen mit dem Handmäher mähen

Feste & Feiern

Partys, Feste und Feiern gehören zu den beliebtesten Freizeitbeschäftigungen, und das nicht nur bei Singles. Wie überall im Leben sonst, sind Familien dabei auf den ersten Blick benachteiligt. Während nämlich besagte Singles spontan zu feiern beginnen können, erfordert ein Fest oder eine Feier für eine Familie ein weitaus größeres Maß an Planung. Dies hängt auch damit zusammen, dass die Familie im sozialen Verbund andere Erwartungen zu erfüllen hat als ein lockerer Freundeskreis. Wenn die Kinder quengeln und das Fest »den Bach runtergeht«, fühlen sich Eltern verantwortlich. Wenn Verwandte nicht ausreichend oder eher provisorisch bewirtet werden, bleibt dies am Gastgeber hängen.

Aus diesem Fiasko können wir Ihnen nur bedingt helfen – Sie wollten es ja nicht anders. Aber ein wenig Organisation vor und nach dem Fest oder der Party können wir Ihnen schon anbieten. Vielleicht hilft es ja an der einen oder anderen Stelle.

Geschenkideen

Es gibt viele Anlässe für Geschenke: die Geburt eines Kindes, der Geburtstag der Nachbarstochter, des Neffen oder der Spielkameraden des eigenen Kindes; die Geschenk-Feiertage Weihnachten und zunehmend auch Ostern – und dann gibt es auch noch den Fall, dass man einfach einem lieben Menschen eine Aufmerksamkeit zukommen lassen möchte. Besonders Geschenke für Kinder fallen nicht leicht, denn man beschenkt zugleich Kind und Eltern. Mit manchem kann man sehr daneben liegen, auch wenn das Geschenk dem Kind gefällt. Deshalb hier einige Anregungen – es handelt sich um die beliebtesten Geschenke aus Spielkreisen, Kindergärten und Schulen. Auch der Preis spielt eine Rolle: Unsere Vorschläge kosten zwischen 5 und 20 Euro. Natürlich ist die Auswahl nach Altersgruppen gestaffelt.

Bis zwei Jahre

Babyspielzeug und Babykleidung ist meist sehr teuer, wenn man etwas Gutes kaufen will. Hinzu kommt, dass die Sachen häufig nicht passen – dem Baby zwar schon, aber häufig der Mutter nicht. Deshalb empfehlen wir Selbstgebasteltes. Babys lieben Mobiles, die

von der Decke herabhängenden lustigen und sehr beweglichen Spielzeuge. Anregungen und Vorlagen bekommen Sie in Bastelheften, die zu beschaffen im Kreativ-Shop in der Großstadt kein Problem sein dürfte. Auf dem Lande führen auch kleinere Schreibwarengeschäfte unterdessen gute Angebote, und das Material kann gleich mitgekauft werden. Tip: Kaufen Sie gleich große Bögen Moosgummi, Pappe oder einen Block Tonpapier mit vielen Farben, dann haben Sie Vorrat.

Wenn Ihnen eine größere Bastelarbeit zu kompliziert erscheint, genügt auch eine Figur, z. B. eine Ente, ein Bär oder eine Maus. Faden dran und fertig. So ein persönliches Geschenk kommt meist besser an als etwas Gekauftes.
Ein Hinweis am Rande: Wenn Sie ein Geschenk herstellen, beziehen Sie Ihre Kinder mit ein. Sie müssen ja nicht Ihr Werk »verschandeln«, denn sie können ihr eigenes Geschenk produzieren, wenn Sie möglichst viel bunte Pappen/Moosgummi/Transparentpapier auf den Tisch legen. Kinder kommen meist auf eigene Bastelideen. Sie können dann in Ruhe arbeiten, Ihre Kinder sind sinnvoll beschäftigt und es gibt nicht nur ein, sondern gleich mehrere Geschenke.

Zwei bis fünf Jahre
Bereits in dieser Altersgruppe dominieren die Medien. Die Figuren im Fernsehprogramm wechseln zwar häufig, und so sind die Sesamstraße und die Teletubbies zwar schon Schnee von gestern, aber Winnie Pooh, Petterson und Findus, Rudi der Rabe und ähnliche Darsteller kommen immer an. Die jeweiligen Lieblinge der Saison bieten die Hersteller in den unterschiedlichsten Formen an: Figuren, Handtücher, Bücher, Audio- und Videokassetten, Puppen, Mal-Sets, Rucksäcke, T-Shirts, Kuscheltiere, Gesellschafts- und Computerspiele.

Wenn Sie nicht auf diesen fahrenden Zug aufspringen möchten: Die Klassiker wie Malbücher, Stifte, Spielzeugautos, Puppen, Teddys, Barbie-Figuren, Dinosaurier, Spieldecke, Holzspielzeug, Duplo, Lego, Playmobil, Großteil-Puzzles sind immer noch zu haben und kommen bei den Kindern gut an. Natürlich kann auch für diese Altersklasse gebastelt werden. Befragen Sie die Eltern nach den Vorlieben ihrer Kinder (Lieblingstiere, Lieblingsspiele), dann kommen Ihre Geschenke noch besser an.

Sechs bis acht Jahre
Auch in dieser Altersgruppe können Sie mit dem Strom schwimmen: Wenn Sie einem Erst- oder Zweitklässler eine Freude machen wollen, liegen Sie mit der jeweils aktuellen Welle richtig. Wielange das noch der heutige Trend sein wird, der im Moment die Spielwaren-

läden überschwemmt, ist schwer zu sagen. Vermutlich sind die betreffenden Figuren und sonstigen Merchandising-Artikel bis zur Drucklegung dieses Buches von anderen, neuen Produktgenerationen hinweggefegt. Es ist auch die Frage, ob Plüschfiguren, Schlüsselanhänger, das Boosterpack von Artbox, Hologrammkarten und Sticker unbedingt das richtige Geschenk für diese Altersgruppe sind. Klar, dass Mädchen in diesem Alter Barbie-Artikel bevorzugen, aber nicht immer ist ein Geschenk, das im ersten Augenblick begeistert begrüßt wird, auch das Spielzeug, das später viel Aufmerksamkeit finden wird. Wir empfehlen hier wie auch zuvor die Klassiker: Bücher, ob Erzählendes oder Sachbücher, bringen Kinder in diesem Alter wirklich weiter.

Mittelfristig immer sehr beliebt sind Werkzeug für eigenes kreatives Tun, Schreibwaren und andere Hilfsmittel für die Schule (dann auch ruhig mit der Diddle-Maus – wenn die bis dahin nicht schon lange out ist).

Ebenfalls sehr gefragt: Hörspielkassetten und Hörbücher, CDs, Rucksäcke für Schule und Freizeit, Taschenlampen, Gesellschaftsspiele und Computerspiele.

9 bis 12 Jahre

Falls in dieser Altersgruppe noch immer die Harry-Potter-Welle tobt, wird Ihnen kaum etwas übrig bleiben: Band 5 oder 6 oder 7 ist gefragt wie sonst nichts. Aber Vorsicht: Doubletten wirken ebenso peinlich wie ein Band H.P., den das beschenkte Kind natürlich schon längst gelesen hat. Comics und Comicfiguren aller Art sind angesagt: von Sailor Moon über Star Wars bis hin zu ... wie hieß die aktuelle Reihe noch gleich? Fragen Sie nicht – sie kommen und gehen schneller, als Sie up-to-date bleiben können. Macht nichts, in den einschlägigen Geschäften bekommen Sie alles, was Kinder sich wünschen: Taschen, Schlüsselanhänger, Figuren, Comics, Computerspiele und bunte Geldbeutel – falls Ihr eigener ausreichend gefüllt ist. Vielleicht wählen Sie aber dennoch lieber ein Buch: Drei Fragezeichen, TKKG, Fünf Freunde, Detektivgeschichten werden gern gelesen. Neben dem bereits genannten Lesefutter, das auch für diese Altersgruppe zu den besten Geschenken gehören dürfte, bieten sich Legotechnik-Spielzeuge (Trike, Flug-Racer, Air-Boat) an. Ebenfalls beliebt, aber zu den großen Geschenken gehörig und damit über dem 20-Euro-Limit: Rollerblades, Fahrrad, Gameboy, Playstation, Musik-CDs, Perlen und Bänder zum Selbermachen.

CHECKLISTE GARTENPARTY

❍ Motto für die Party finden – es macht besonderen Spaß, zu einem Fest zu gehen, wenn man in etwa ahnt, was einen erwartet. Unter Umständen kann man sich so auch in Kleidung und bei einem mitzubringenden Gastgeschenk besser orientieren. Das Motto Ihrer Party könnte lauten: Fiesta Mexicana, Hot Midnight, American Barbecue, Italienische Nacht, Mitternachtsgrill, Geisterparty, Zombie-Meeting o.ä.

❍ Gäste einladen – eine rechtzeitige Einladung sichert, dass Ihre Gäste auch zahlreich erscheinen. Bitten Sie um kurze schriftliche oder telefonische Ab-/Zusage, damit Sie am Tag des Festes keine böse Überraschung erleben.

❍ Nachbarn informieren oder noch besser: einladen – es gehört zum guten Ton, die Nachbarn nicht mit einer lautstarken Feier zu »überfallen«.

Die Hardware prüfen

❍ Ist Ihr Grill noch in Ordnung?
❍ Alle Grillwerkzeuge brauchbar?
❍ Holzkohle
❍ Propangas
❍ Grillanzünder
❍ Alufolie
❍ Grillschalen
❍ Grillhandschuhe
❍ Grillschürze
❍ Tische
❍ Stühle
❍ Gartenzelt
❍ Gartenfackeln
❍ Lampions
❍ Dekoration
❍ Gläser
❍ Teller
❍ Besteck
❍ Servietten
❍ Feuerlöscher

Einkaufsliste

❍ Getränke ohne Alkohol
❍ Getränke mit Alkohol
❍ Obst
❍ Gemüse
❍ Kartoffeln
❍ Brot (verschiedene Sorten)
❍ Zutaten für Salat
❍ Grillsoßen
❍ Dips
❍ Kräuterbutter
❍ Knabbergebäck
❍ Grillwürstchen
❍ Fleisch (Rind, Schwein)
❍ Fisch
❍ Geflügel
❍ Maiskolben
❍ Zutaten für Marinade
❍ Fertig-Grill-Angebote

Faustregel: zwei Stücke Fleisch pro Teilnehmer

GEBURTSTAGSLISTE

Name	Datum	Alter	Geschenk

So eine Liste kann nützlich sein! Tragen Sie jeden kommenden und gewesenen Geburtstag ein! Vorteil: Sie wissen immer, was festivitätisch auf Sie zukommt. Und: Sie können sogar nachschlagen, was Sie letztes Jahr geschenkt haben!

After-Party-Cleaning

Küche

- ❍ Spülmaschine einräumen (Pappteller sind aus Pappe!)
- ❍ Spülmaschine in Betrieb nehmen
- ❍ Spülmaschine ausräumen
- ❍ Gläser von Hand spülen (Vorsicht, Kristall!)
- ❍ Kühlschrank auffüllen
- ❍ Alkoholvorräte auffüllen
- ❍ Küchenmöbel feucht abwischen
- ❍ Küchenfußboden feucht wischen
- ❍ Müll in die Tonnen – korrekt entsorgen!

Wohnraum

- ❍ Müll wegräumen (auch Partyleichen)
- ❍ Möbel zurechtrücken
- ❍ Tische und sonstige Oberflächen feucht abwischen
- ❍ Bilder gerade hängen
- ❍ Staubsaugen
- ❍ Flecken ausreiben
- ❍ Renovieren?

Übrige Räume

- ❍ Dosen, Gläser, Zigarettenkippen einsammeln und wegräumen
- ❍ Staubsaugen bzw. feucht wischen
- ❍ alle Räume gut lüften

Und auch:

- ❍ Restpaare aus den Schlafzimmern entfernen?
- ❍ Betten machen und neu beziehen?
- ❍ aufgebrachte Nachbarn durch Geschenk besänftigen
- ❍ Garten auf Abfälle und vergessene Kleidungsstücke checken
- ❍ Glasbruch beseitigen (z. B. Fenster oder Außenbeleuchtung)

UNIVERSELLE PLANUNGSLISTE FEST

Ob Ostern, Weihnachten, Goldene Hochzeit oder große Einladung:
Das alles müssen Sie beachten!

❑ Wie viel Geld wollen Sie ausgeben? .... Euro
❑ Wo soll das Fest stattfinden?
❑ zu Hause
❑ Gaststätte
❑ Saal
❑ Festgelände
❑ anderswo
❑ An welchem Termin soll das Fest stattfinden?
....
❑ Einladungsliste erstellen
❑ Anfahrtskizze erstellen
❑ Einladungen schreiben und versenden (ggf. mit Anfahrtskizze)
❑ Zusagen und Absagen in einer Liste festhalten
❑ Nachbarn informieren (ggf. einladen)

❑ Getränke wählen
❑ Getränke bestellen
❑ Getränke abholen, wenn diese nicht geliefert werden

Das Essen

❍ vom Partyservice
- ❑ Vorspeise
- ❑ Hauptgericht
- ❑ Nachspeise
- ❑ Brot
- ❑ Käseplatte
- ❑ Fischplatte
- ❑ vegetarische Platte
- ❑ Obst
- ❑ Desserts, Eis

❍ Geschirr
❍ Besteck
❍ Gläser
❍ Tischwäsche
❍ Servietten
❍ Bedienungspersonal
❍ Warmhalteplatten

❍ selbst kochen
❍ Rezepte auswählen
❍ Lebensmittel besorgen:
- ❑ Fleisch
- ❑ Gemüse
- ❑ Obst
- ❑ Käse
- ❑ Fisch
- ❑ Gewürze

❍ Ist ausreichend Geschirr vorhanden?
❍ Ist ausreichend Besteck vorhanden?
❍ Gibt es Gläser in ausreichender Anzahl für alle Getränke?
❍ Ist die Tischwäsche vollständig und dem Anlass angemessen?
❍ Reichen die vorhandenen Töpfe und Pfannen aus?
❍ Servietten
❍ Bedienungspersonal
❍ Warmhalteplatten
❍ Servierplatten
❍ Grill
❍ Grillkohle, Holzkohle, Gas?

Zubehör

❑ Theke
❑ Zapfanlage
❑ Kohlensäure
❑ Tabletts
❑ Biergläser
❑ Weingläser
❑ Sektgläser
❑ Gläser für alkoholfreie Getränke
❑ Strohhalme
❑ Zelt
❑ Stühle oder Bänke
❑ Tische
❑ Heizstrahler (falls in der kühleren Jahreszeit draußen gefeiert wird)
❑ Tischdekoration
❑ Beleuchtung
❑ Musikanlage

Discjockey

❒ Zubehör für die Stromversorgung:
❒ Verlängerungskabel
❒ Kabeltrommeln
❒ Mehrfachsteckdosen

Fotograf

❒ Kamera
❒ Fotomaterial
❒ Video-Kameramann
❒ Videokamera

Kleidung

❒ Festkleidung auswählen
❒ Festkleidung auf Zustand prüfen ggf. reinigen lassen

Sonstiges

❒ Müllsäcke
❒ Abfallbehälter
❒ Putzmittel
❒ Lappen und Trockentücher für die Theke
❒ Insektenschutz

Am Tag des Festes

❒ bestellte Lebensmittel Getränke abholen (lassen)

Aufbau von

❒ Zelt (auf Standfestigkeit prüfen)
❒ Theke (ggf. reinigen)
❒ Gläser spülen

❒ Zapfanlage (Funktionstest, aber nicht zu intensiv)
❒ Beleuchtung (Funktionstest; wenn außen, regen- und feuchtigkeitssicher)
❒ Musikanlage (Funktionstest und Soundcheck)
❒ Tische, Stühle, Bänke
❒ Getränke in den Kühlschrank (ggf. in Wasser kühlen)
❒ Behälter für gebrauchtes Geschirr und Gläser bereitstellen
❒ Müllbehälter aufstellen (Plastikbeutel einlegen)
❒ ggf. Grill anzünden

Die Festtafel

❒ Für die Gäste kochen (soweit dies noch nicht am Vortag geschehen ist)
❒ Speisen anrichten und für das Servieren bereitstellen
❒ Tische decken und dekorieren
❒ Gläser
❒ Besteck
❒ Teller
❒ Vasen für mitgebrachte Blumensträuße bereitstellen
❒ Raumdekoration anbringen

In gemieteten Räumen

❒ Mängel u.U. vor dem Fest dokumentieren (Foto; Zeugen)
❒ Stand des Stromzählers und des Wasserzähler notieren (Strom- und Wasserverbrauch werden unter Umständen abgerechnet)

Bei Festen im Freien

❒ Toilettenwagen auf Zustand prüfen, ggf. reinigen (lassen)
❒ Rufnummer des Taxirufs bereitlegen
❒ Parkmöglichkeiten ausweisen (Nachbarn, die zugeparkt werden, reagieren nicht eben freundlich)

Nach dem Fest

❒ den Ort der Festivitäten reinigen
❒ Müll entsorgen
❒ bei gemietetem Veranstaltungsort: eingetretene Schäden schriftlich festhalten, ggf. durch Foto dokumentieren, Zeugen feststellen
❒ Geschirr und Gläser für die Rückgabe vorreinigen
❒ Geschirr und Gläser spülen

Abbau von

❒ Zelt (alle Einzelteile vorhanden?)
❒ Theke (ggf. reinigen)
❒ Zapfanlage
❒ Beleuchtung
❒ Musikanlage
❒ Tische, Stühle, Bänke
❒ restliche geliehene Ausrüstung zurückbringen oder abholen lassen
❒ Rechnungen zahlen!

Wie viel Fernsehen für wen?

Es kommt auf den Standpunkt an: Fernsehmacher sehen das Problem anders als engagierte Eltern, wissenschaftliche Studien zum Thema widersprechen sich, und es gibt schlagkräftige Argumente für viele Positionen. Um sie kurz darzustellen:

Contra: Fernsehen macht viel aggressiver als bisher angenommen. Eine neue US-Studie belegt dies. Nach den Ergebnissen der Wissenschaftler der Columbia Universität soll jeder vierte vierzehnjährige Junge, der drei oder mehr Stunden pro Tag vor dem Fernsehen verbringt, in späteren Jahren in gewalttätige Aktionen verstrickt sein. Das Risiko einer solchen »Karriere« sinkt um den Faktor 5, wenn der tägliche Fernsehkonsum auf eine Zeit unter einer Stunde eingeschränkt wird. Mädchen und Frauen reagieren ähnlich, allerdings mit einer Zeitverzögerung.

Pro: Fernsehen ist eine gesellschaftliche Realität. Das Medium bietet Unterhaltung und Entspannung, liefert Informationen und erfüllt zum Teil einen Bildungsauftrag, denn keine andere gesellschaftliche Institution übernehmen könnte. Wie die Pisa-Studie belegt, wird in verschiedenen europäischen und außereuropäischen Ländern Fernsehen im Unterricht eingesetzt.

Was nun? Wieder mal stehen wir Eltern im Regen. Die Aufgabe, den sinnvollen Umgang mit dem Medium zu erlernen, übernehmen meistens wir. Hier ein paar Regeln, die man als gesicherte Erkenntnisse bezeichnen kann, die Ihnen den Umgang mit dem Medium vielleicht etwas erleichtern:

Kleinkinder nie ganz allein fernsehen lassen! Verlassen Sie sich nicht auf das Renommee eines Senders! Es kommt dabei nicht sonderlich auf die Art der Sendung an. Selbst die Kinderprogramme der öffentlich-rechtlichen Anstalten liefern heute Inhalte, die ein zwei- oder dreijähriges Kind in tiefster Seele erschrecken können. Gespräche nach der Sendung erleichtern es, die gewonnenen Eindrücke zu verarbeiten.

Fernsehverbote werden von vielen Pädagogen als unproduktiv angesehen, da sie das Medium nur noch interessanter machen.

Wählen Sie gemeinsam mit Ihrem Kind die Sendungen aus, die es sich ansehen darf! Vermeiden Sie es, Sendungen »mieszumachen«! Sagen Sie klar und rational, was Sie von einer Sendung halten! Begründen Sie Ihren Standpunkt! Ärgern Sie sich nicht übermäßig über die Tatsache, dass Kinder unter Umständen die im Privatfernsehen angebotenen Trickfilme und Realfilme bevorzugen, es sei denn, Sie wollten eine strenge Zensur ausüben. Bei genauerem Hinsehen besitzen einige dieser

Angebote eine durchaus beeindruckende Qualität.

Geben Sie selbst den Kindern ein gutes Beispiel! Eltern, die selbst stundenlang vor der Glotze hängen, ohne recht zu wissen, was sie eigentlich sehen, wirken in ihren Forderungen den Kindern gegenüber nicht eben glaubwürdig. Fernsehen sollte weder Ihre noch die Hauptaktivität Ihrer Kinder sein.

Wie lange Ihr Kind Fernsehen darf, hängt von seinem Entwicklungsstand und Ihren persönlichen Präferenzen ab. Kindergartenkinder sollten nicht länger als eine halbe Stunde pro Tag fernsehen, da sie sonst die gewonnenen Eindrücke nicht ausreichend verarbeiten können (hierzu die wichtige Information: im Durchschnitt sehen drei- bis 13-jährige Kinder und Jugendliche in Deutschland etwa 100 Minuten am Tag fern. Rund fünf Prozent der drei- bis 13-jährigen Kinder und Jugendlichen sitzen täglich fünf Stunden (!) und mehr von dem Fernseher.

Wundern Sie sich auch nicht darüber, wenn Kinder nach dem Fernsehen »aufgedreht« oder aggressiv wirken. Sie verarbeiten die im Film gesehenen Inhalte anders als Erwachsene. Unterstützen Sie Ihre Kinder in diesen Aktivitäten, indem Sie sie zum Beispiel auffordern, die Inhalte der Sendungen selbst nachzuspielen. Derartige Rollenspiele helfen der Psyche Ihrer Kinder.
Ein weiteres wichtiges Thema: Werbung. Natürlich haben Werbemacher längst begriffen, dass täglich eine ganze neue Konsumenten-Generation vor dem Fernseher sitzt. Schützen Sie Ihr Kind vor den Wirkungen von Werbespots, indem Sie a) entweder bei Werbespots wegschalten oder b) die gewünschten Sendungen aufzeichnen und die Werbespots »wegspulen«.

Nicht vergessen: Realität ist deutlich interessanter als Fernsehen. Achten Sie darauf, dass Ihr Kind ausreichend wirkliche Erfahrungen macht, das heißt mit Ihnen oder seinen Freunden in vielfältiger Weise »lebt«. Nehmen Sie sich Zeit, mit Ihren Kindern zu spielen. Sie werden sehen, dass niemand das Fernsehprogramm vermisst – auch Sie selber nicht.

Zapping oder Planung?

Sie kennen das: Die ganze Familie oder auch nur ein Teil davon sitzt vor dem Fernseher und »zappt« sich die Seele aus dem Leib. Und auf allen 36 Kanälen ist nichts, absolut nichts zu finden, was a) allen gefällt oder b) was für alle geeignet ist. Hinzu kommt: Wer in dieser unorganisierten Art und Weise Fernsehen schaut, steht letzten Endes unzufrieden aus dem Fernsehsessel oder vom Sofa auf und hatte nichts davon. Deswegen sollten Sie das Fernsehprogramm in Ihrer Familie selbst bestimmen.

Wenn es in Ihrer Familie (hoffentlich) nur ein Gerät gibt, müssen Sie Prioritäten setzen: Der späte Nachmittag gehört den Kindern (an den Wochenenden u. U. auch ein Vormittag), der frühe Abend den Jugendlichen und der späte Abend den Eltern. Nach einzelner oder kollektiver Lektüre der Fernsehzeitschrift trägt jeder seinen Wunsch in den Plan ein. Kommt es zu Doppelungen, muss eine Lösung diskutiert werden. Sinnvoll ist es sicher, wenn die Eltern die Fernsehwünsche ihrer kleinen Kinder prüfen und bestätigen. Sie werden sehen – durch Vorfreude werden Filme besser.

Andererseits wollen wir uns auch den Realitäten nicht verschließen: Gibt es im Hause mehrere Fernseher, so sollte es auch mehrere Fernsehpläne geben. Damit das Vorgehen nicht als übermäßige elterliche Kontrolle begriffen wird, sollten Sie ablehnende Bescheide bezüglich der Auswahl Ihrer Kinder ausführlich begründen – wieder einmal eine Gelegenheit für Eltern und Kinder, sich über eine Sache auseinander zu setzen.

Vorschlag für ein wirksames Korrektiv: Ausgewählte Sendungen werden bewertet.

A A-Punkte: Action-Punkte sind sozusagen Strafpunkte für negatives Fernsehen. Jeder Zuschauer darf in der Woche nur (je nach Alter) zwei bis vier Action-Punkte verbrauchen.

B B-Punkte: Bildungs-Punkte sind positive Bewertungen einer Sendung. Ein B-Punkt gleicht einen A-Punkt aus – wer beim Fernsehen lernt, darf auch etwas mehr Flachsinn sehen.

Ein anderes Hilfsmittel: Die Schwarze Liste TV. Setzen Sie sich am Wochenende mit Ihren Kindern zusammen und suchen Sie die Sendungen aus, die nicht gesehen werden sollen. Tragen Sie deren Titel in die Schwarze Liste TV ein und ergänzen Sie eine kurze Begründung: zu dumm, zu brutal, zu hektisch, zu gruselig. Lassen Sie dabei aber Ihre Kinder bei der Meinungsbildung mitwirken. Die Entscheidungen sollten im Konsens getroffen werden. Eine Verbotsliste „von oben herab" macht die betreffenden Sendungen nur interessanter.

WER SIEHT WAS? DER FERNSEHPLAN

	Montag		Dienstag		Mittwoch		Donnerstag		Freitag		Samstag		Sonntag

SCHWARZE LISTE TV

Vom Familienrat verbannte Sendungen

SENDUNG	WEGEN

FAMILIEN-LESELISTE

Pippi Langstrumpf und Räuber Hotzenplotz – manche Kinderbücher sind einfach zeitlos. Andere ungeheuer aktuell. Hier eine Liste von Titeln, aus der Sie wählen können. Sie stammt aus unserem Bücherregal und wurde durch eine Amazon-Bestsellerliste der Kinderbuchklassiker ergänzt. Manche werden Sie sicher kennen …

Enid Blyton: Fünf Freunde – Hanni und Nanni
Robert Bolt: Der kleine dicke Ritter
Eoin Colfer: Artemis Fowl – Die Verschwörung
Eric Carle: Die kleine Raupe Nimmersatt
Tina Caspari: Bille und Zottel
Walt Disney: Bambi und seine Freunde
Michael Ende: Jim Knopf und Lukas der Lokomotivführer – Momo
Kenneth Grahame: Der Wind in den Weiden
Gebrüder Grimm: Die Märchen der Gebrüder Grimm
Oliver Hassencamp: Die Jungens von Burg Schreckenstein
Friedrich Hechelmann /Wilhelm Hauff: Zwerg Nase
Kurt Held: Die rote Zora und ihre Bande
Herge: Tim und Struppi
Alfred Hitchcock: Die drei Fragezeichen und das Labyrinth der Götter
Erich Kästner: Emil und die Detektive
Annette Langen: Die kleine Motzkuh
Hans-Georg Lenzen: Viel Spaß mit Onkel Tobi
Astrid Lindgren: Die Brüder Löwenherz – Die Kinder aus Bullerbü
Astrid Lindgren: Jule und die Seeräuber – Pippi Langstrumpf
Mira Lobe: Das Kleine Ich bin ich
Paul Maar: Sams in Gefahr u.a.
Karl May: Winnetou und Old Shatterhand
Sven Nordqvist: Wie Findus zu Pettersson kam
Christine Nöstlinger: Wir pfeifen auf den Gurkenkönig
Scott Odell: Insel der blauen Delfine
Lennart Osbeck : Mein Esel Benjamin
Otfried Preußler: Der kleine Wassermann – Der Räuber Hotzenplotz – Die kleine Hexe
Philip Pullman: Der Goldene Kompass
Morton Rhue: Die Welle (für Jugendliche)
Morton Rhue: Ich knall euch ab. (für Jugendliche)
Belinda Rodik: Meine ersten Hexengeschichten
Joanne K. Rowling: Harry Potter und der Feuerkelch
Joanne K. Rowling: Harry Potter und der Gefangene von Askaban
Joanne K. Rowling: Harry Potter und der Stein der Weisen
Joanne K. Rowling: Harry Potter und die Kammer des Schreckens
Marlis Scharff-Kniemeyer: Gute Nacht, mein Mäuschen
Maurice Sendak: Wo die wilden Kerle wohnen
Anna-Clara Tidholm: Klopf an
J.R.R.Tolkien: Der kleine Hobbit

Freizeit-Aktivitäten

Ist es nicht wunderbar, nicht arbeiten zu müssen? Freie Zeit zu haben, mit der ganzen Familie Unternehmungen zu starten und so richtig die Seele baumeln zu lassen? Soweit die Traumvorstellung. Der Alltag in Sachen Freizeit sieht oft anders aus. Nicht umsonst hat sich der Begriff Freizeit-Stress sehr schnell durchgesetzt. Woran mag es liegen, dass Familien unter dem Druck eines verlängerten Wochenendes bereits psychisch in die Knie oder – harmloser gesagt – sich gegenseitig auf den Wecker gehen? Sind unsere Kinder neuerdings nur noch nervende Monster, die uns nicht mehr verstehen? Oder ist die Kluft zwischen den Generationen schon so tief geworden?

Betrachten wir einmal die Abläufe. Ein freier Nachmittag oder Tag stellt für die meisten Familien kein Problem dar. Es gibt eine Reihe von aufgeschobenen gemeinsamen Interessen, die man bei einer solchen Gelegenheit »abarbeiten« kann. Ist dies geschehen, gehen die Interessen meist auseinander. An irgendeiner Stelle läuft die Situation aus dem Ruder – quengelnde Kinder, genervte Eltern, Zoff in der Bude. Aus dem Wochenende, auf das sich alle gefreut haben, wird trotz strahlenden Sonnenscheins und den besten Möglichkeiten nur Nerverei.

Zum einen hat die ihre Ursache sicher in einer fehlenden oder nur schwach ausgeprägten Tagesstruktur. Wer eine »Arbeitswoche« gewöhnt ist (denn auch Kindergarten und Schule sind eine Art der »Arbeit«), kann mit unendlich viel freier Zeit (so sehen es Kinder) erst nach einer Phase der Orientierung etwas anfangen.

Zum anderen wird dieses Problem sicherlich damit zusammenhängen, dass zwischen den Generationen unterschiedliche Vorstellungen darüber bestehen, wie Freizeit verbracht werden soll. Während Eltern eher zu beschaulichen Tätigkeiten oder kulturellen Aktivitäten neigen, brauchen Kinder Action. Der ideale Ort und die ideale Situation für diese unterschiedliche Bedürfnislage ist nicht leicht zu finden. Doch es gibt solche Möglichkeiten – denken Sie z. B. an ein Gartenlokal mit großem Spielplatz direkt daneben.

Die nachfolgenden Seiten sollen Ihnen Möglichkeiten zeigen, aus Freizeitstress Freizeitspaß zu machen. Verfallen Sie dabei aber bitte nicht in blinden Aktionismus – allzu viel ist auch nicht gut. Einerseits erhöhen Sie die Erwartungen (denken Sie dabei auch an das nächste Wochenende; das volle 100%-Animationsprogramm werden Sie nicht jedes Wochenende bringen können), andererseits planen Sie möglicherweise an Ihren eigenen und den »leiseren« Bedürfnissen Ihrer Kinder vorbei.

Unser Tipp aus leidgeprüfter eigener Erfahrung:
Gehen Sie die Sache ruhig an! Gönnen Sie sich und Ihren Kindern die Zeit, die Sie brauchen, um sich in der Freizeit zu »organisieren«. Vergammeln Sie ruhig einmal einen halben Tag – nach anfänglicher Unruhe werden Ihre Kinder ihr eigenes Spiel finden.
Verplanen Sie Ihr Wochenende nicht hundertprozentig! Es kann auch nicht Sinn der Sache sein, durch einen vollen Terminkalender zu hecheln.

Lassen Sie sich Raum für spontane Unternehmungen! Freizeit sollte nicht die Verlängerung des Arbeitsstresses mit anderen Mitteln sein. Oft macht gerade Kindern ein kleiner Ausflug im Nahbereich mehr Spaß als eine umfängliche Aktion mit ewig langer Anreise. Womit wir bei einem anderen Punkt wären:

Planen Sie bei Ihren Unternehmungen Anfahrten und Wartezeiten ausreichend ein! Einplanen, das kann auch heißen, eine ursprünglich vorgesehene Sache zu unterlassen, weil widrige Bedingungen dagegen sprechen. Das muss nicht (kann aber durchaus auch) das Wetter sein – auch übermäßige Besucherzahlen oder eine überfüllte Autobahn sind k.o-Kriterien für eine geplante Unternehmung.

Was tun die Deutschen am liebsten in ihrer Freizeit?

Der Eindruck, den Berichte in den Medien erzeugen, täuscht: Vom aktiven Freizeitverhalten sind die Deutschen noch immer meilenweit entfernt. Eine kürzlich vorgestellte Studie belegt es schwarz auf weiß: Nervenaufreibende Tätigkeiten und größere Anstrengungen sind in der Freizeit nicht sehr gefragt. Die meisten Bundesbürger – etwa 42 Prozent – entspannen sich am liebsten bei Musik. Etwa ein Drittel gibt an, beim Fernsehen am besten Entspannung zu finden. Auch das Lesen ist – zumindest nach dieser statistischen Untersuchung – eine der beliebtesten Freizeittätigkeiten. Eher kontraproduktiv: Etwa ein Drittel aller Deutschen nimmt sich auch gelegentlich Arbeit mit nach Hause. Ebenfalls im Trend liegt es, Partys und Feste zu feiern. Aus der Mode gekommen: das Sammeln. Nur drei Prozent der Befragten sucheny Ruhe und neue Energie bei Briefmarken, Münzen usw.
Nicht in der Studie genannt: Anstrengungen, die der privaten oder beruflichen Fortbildung dienen ...

LANGEWEILE-KILLER

Vielleicht helfen Ihnen die unten stehenden Vorschläge, genau im richtigen Augenblick mit einer brillanten Idee alles in die richtige Bahnen zu lenken, so dass ein freier Tag mit der Familie für alle ein angenehmes Erlebnis wird.

Die Wohnung als Abenteuerland

- ☺ Aus einem Tisch kann mit einer Decke und ein paar Kissen eine bewohnbare Höhle werden.
- ☺ Auf den Kopf gestellt, wird ein Floß daraus, mit dem Ihre Kinder wilde Gewässer bereisen können.
- ☺ Stühle und Polstermöbel eignen sich bestens als Hindernisse für ein Geländerennen. Vergessen Sie, was Sie über »Schöner Wohnen« wissen – im Dienste Ihrer Kinder und Ihrer psychischen Gesundheit.
- ☺ Eine Variante: Wie komme ich von der einen zur anderen Seite des Zimmers, ohne den Boden zu berühren?
- ☺ Wann haben Sie zum letzten Mal Verstecken gespielt? Sie werden staunen, wie schwierig es ist, ein gut verstecktes Kind in Haus oder Wohnung zu finden.

Jetzt wird es ernst!

Kinder sind überaus motiviert, wenn es um Tätigkeiten geht, die sonst nur Erwachsene ausüben (dürfen).

- ☺ Putzen, Kochen und Backen werden zum Abenteuer, wenn die Kinder selbst Hand anlegen dürfen.

Achten Sie aber darauf, dass a) die Tätigkeit von den Kindern bewältigt werden kann (lassen Sie die Kinder nicht Ihr gutes Kristallglas spülen!) und dass b) die Gefahren für die Kinder nicht zu groß werden (Putzmittel, heißer Backofen, heiße Herdplatten).

- ☺ Außerdem sollten Sie darauf achten, dass auch das Aufräumen mit zum Spiel gehört.

Jetzt wird es kreativ!

- ☺ Bemalen Sie Fenster und Türen mit Fensterfarbe!
- ☺ Fertigen Sie einen Zoo aus Knetmasse!
- ☺ Collagieren Sie mit Ihren Kindern Kunstwerke aus Zeitungen und Illustrierten.
- ☺ Basteln Sie im Herbst mit den bunten, herabgefallenen Blättern!
- ☺ Stellen Sie einfach Malfarben, Pinsel und Papier auf den Tisch!

Jetzt muss Oma helfen!

- ☺ Entdecken Sie die alten Spiele neu! Lassen Sie die Kinder Oma ausforschen, was sie in ihren

Kindertagen gespielt hat! Sie werden staunen, wie gut Spiele wie Stille Post und Flaschendrehen ankommen!
- ☺ Beschaffen Sie sich unter Umständen eines der guten Bücher, die zum Thema Spiele angeboten werden!

Wir gehen raus!
- ☺ Nutzen Sie eine Mahlzeit oder einen Besuch, um einfach mal die Tapeten zu wechseln!
- ☺ Brechen Sie mit all Ihren Grundsätzen und essen Sie mit den Kindern im Fastfoodrestaurant!
- ☺ Essen Sie mit Ihren Kindern ein Eis (schmeckt auch an Regentagen) oder trinken Sie Kaffee/Kakao in einem Café!

Jetzt wird es feucht!
Immer ein Ausweg ist der Weg ins Wasser – allerdings nicht so, wie Sie jetzt denken.
- ☺ Erwähnen Sie das Wort »Schwimmbad« wirklich nur dann, wenn Sie dazu bereit sind, diesen Ort auch aufzusuchen!

Kinder hängen an diesem Wort wie Fische am Haken! Es macht die Sache nur schlimmer, wenn der Erwähnung nicht die Tat folgt.

Bildung ist angesagt!
- ☺ Wann waren Sie zuletzt in einer Ausstellung oder in einem Museum?

Sicher, gerade mit kleineren Kindern, die alles anfassen und untersuchen müssen, kann ein Museumsbesuch auch recht anstrengend werden. Aber: Zum einen haben sich Museen längst auf die Klientel Familie eingestellt, zum anderen sind sie seit langem schon nicht mehr Orte staubtrockener Bildung und Wissenschaft. An vielen Orten werden unterdessen auch Ausstellungen speziell für Kinder angeboten.

Schmeißen Sie die Kinder raus!
- ☺ Es gibt kein schlechtes Wetter – nur falsche Kleidung! In Gummistiefeln und mit einer Regenjacke macht das Spielen auch bei Regenwetter Spaß!

Nach einiger Zeit in Wind und Wetter werden es die Kinder auch wieder richtig zu schätzen wissen, sich in der warmen Stube ruhig zu beschäftigen. Austoben konnten sie sich ja schließlich.

Dass Bücher in allen Lebenslagen unterhalten und helfen können, brauche ich Ihnen ja wohl nicht zu sagen.

ASSOZIATIONSLISTE FREIZEIT

Zu den unten stehenden Stichworten zum Thema Freizeit fällt Ihnen sicher einiges ein. Im Nu wissen Sie, was Sie und Ihre Familie unternehmen können.

Abenteuerspielplatz
Angelpark
Aquarium
Ausstellung
Berg
Biergarten
Bodybuilding
Boot
Botanischer Garten
Boxkampf
Brombeeren
Brücke
Burg
Burgverlies
Cabrio
Candlelight Dinner
Chinese
Computermarkt
Computerspiel
Delfin
Demonstration
Digitalkamera
Diskothek
Dom
Drachen
Drachenfliegen
Edelsteine
Eisdiele
Eisenbahn
Enduro
Erbsensuppe
Erlebnisbad
Erlebnispark
Fahrrad
Fasching
Fernsehsessel
Feuerwerk
Fitnesscenter
Flohmarkt
Flughafen
Flugzeug
Fluss
Franzose
Freibad
Freunde besuchen
Frühstück
Fußball
Gartencenter
Gartenfest
Gartenlokal
Gesellschaftsspiel
Grieche
Grillen
Hallenbad
Hängematte
Heißluftballons
Himbeeren
Höhle
Hubschrauber
Hüpfeburg
ICE
Iglu
Indianer
Inliner fahren
Insektarium
Italiener
Jahrmarkt
Joggen
Kabarett
Kajak
Kanu
Karate
Karneval
Käse-Fondue
Kickboard
Kino
Kirmes
Kleinanzeige
Kleingarten
Kochtopf
Konzert
Koreaner
Kräuter suchen
Krokodil
Kurpark
Labyrinth
Landgaststätte
Leihwagen
Lesung
Liebesgedicht
Maibaum
Minigolf
Möbelhaus
Modenschau
Motorboot
Motorrad
Motorroller
Museum
Nachtklub
Nasenring
Öko-Bauernhof
Oldtimer
Omnibus
Open-Air-Konzert
Orientierungsfahrt
Paddelboot
Park
Pferd
Pferderennbahn
Picknick
Piercing
Pilze
Pizza
Radio
Rallye
Rasenmähen
Raubvogel
Rennrad
Rennstrecke
Riesenrad
Ringkampf
Rockkonzert
Rock'n'Roll
Rodelbahn
Roman
Rothirsch
Rotwein
Rundflug
Sauna
Schlitten
Schlittschuh
Schmetterling
Schnapsbrennerei
Schwimmen
Segelboot
Segelflugzeug
Sehenswürdigkeiten
Shopping
Skateboard
Ski
SMS
Snowboard
Sommerrodelbahn
Spaßbad
Spätvorstellung
Spiegelreflexkamera
Spielcasino
Spielhölle
Spielplatz
Sportplatz
Sportwagen
Stadt besichtigen
Stereoanlage
Strand
Straßenbahn
Sumo
Surfbrett
Tagebuch
Teestube
Theater
Tischtennis
Trampolin
Traumreise
Trommel
Tropfsteinhöhle
U-Bahn
Überraschungsparty
Vegetarier
Versteinerung
Video
Videokamera
Volkstheater
Wald
Walkman
Wanderung
Wasserfall
Wasserski
Wasserspielplatz
Weißwein
Wildschwein
Wochenend-Trip
Wohnmobil
Wundertüte
Zauberer
Zelt
Zoo

?